A61243
RÖNNQV

LAURA SINIKKA WILHELM

Feste Stoffe

Haupt
GESTALTEN

LAURA SINIKKA WILHELM

FOTOGRAFIEN VON TOBIAS WILHELM

Feste Stoffe

20 STARKE NÄHPROJEKTE

HAUPT VERLAG

ÜBER DIE AUTORIN

Laura Sinikka Wilhelm hat gutes Design schon als Kind kennen und lieben gelernt, daher lag es nach ihrem Abitur nahe, dass sie einen gestalterischen Beruf ergreifen wollte. So hat sie Textildesign in Deutschland und Finnland studiert. Ihren Abschluss machte sie 1997 als Dipl.-Ing. Textildesignerin an der FH Reutlingen. Seither ist sie selbständig tätig und arbeitet als freie Mode- und Textildesignerin sowie als Gastdozentin und Kursleiterin in Deutschland und Finnland.
Seit 2009 ist mit ihrem ersten Nähbuch ein neuer Bereich hinzugekommen, inzwischen hat sie elf Nähbücher veröffentlicht und ist als Autorin für Verlage in Deutschland, Finnland und der Schweiz tätig. Über ihre Bücher ist sie auch zum Fernsehen gekommen – seit Januar 2011 ist sie regelmäßig als Nähexpertin in der SWR-Sendung »Kaffee oder Tee« zu sehen. Mit einer Finnin als Mutter ist sie ihrem zweiten »Heimatland« sehr verbunden. Diese Verbundenheit zum Norden hat sie immer als eine große Bereicherung empfunden – was sich auch in ihrer Arbeit unverkennbar widerspiegelt.

ÜBER DEN FOTOGRAFEN

Tobias Wilhelm liebt Sport, Kunst, Kultur und die Natur und fotografiert seit Jahren begeistert viel und gern und am liebsten außergewöhnliche Motive.

1. Auflage 2020

ISBN 978-3-258-60220-2

Projekte, Schnitte, Zeichnungen, Schrittfotos und Text:
Laura Wilhelm, D-Kernen i.R.
Layout, Satz und Umschlaggestaltung:
Diana Dörfl, dörfl-multivitamine, D-Konstanz
Lektorat: Gisela Witt, D-München
Fotografie: Tobias Wilhelm, D-Kernen i.R.

FSC www.fsc.org MIX Papier aus verantwortungsvollen Quellen FSC® C014138

Wir verwenden FSC-Papier. FSC sichert die Nutzung der Wälder gemäß sozialen, ökonomischen und ökologischen Kriterien. Gedruckt in der Tschechischen Republik

Diese Publikation ist in der Deutschen Nationalbibliografie verzeichnet. Mehr Informationen dazu finden Sie unter http://dnb.dnb.de

Der Haupt Verlag wird vom Bundesamt für Kultur mit einem Strukturbeitrag für die Jahre 2016–2020 unterstützt.

Wir verlegen unsere Bücher mit Freude und großem Engagement. Daher freuen wir uns immer über Anregungen zum Programm und schätzen Hinweise auf Fehler im Buch, sollten uns welche unterlaufen sein. Falls Sie regelmäßig Informationen über die aktuellen Titel im Bereich Gestalten / Natur & Garten erhalten möchten, folgen Sie uns über Social Media oder bleiben Sie via Newsletter auf dem neuesten Stand!

www.haupt.ch

Inhalt

Vorwort

Was genau ist mit festen Stoffen gemeint? Kann ich sie mit einer normalen Nähmaschine vernähen? Wie schwierig ist es, aus Leder selbst Schnallen zu fertigen?
Das sind nur drei von vielen Fragen, die ich mir gestellt habe, als ich anfing, an diesem Buch zu arbeiten.

Bald wurde mir bewusst, dass mich feste Stoffe schon mein Leben lang begleiten. Das erste Zelt meiner Eltern aus den 1970er-Jahren ist aus gewachster Baumwolle und heute noch in Gebrauch. Mein erster Wanderrucksack aus Canvas mit Lederschnallen ist ebenfalls noch im Einsatz und wieder so im Trend, dass meine Kinder im Teeniealter sich darum streiten. Ja, und das »Ölzeug« meines segelnden Großvaters aus geöltem Leinenstoff, das Wind und Wasser bis heute trotzt, ist legendär – ich könnte eine lange Liste erstellen.

Allen Produkten gemeinsam ist, dass sie funktional, aber formschön sind, ohne großen Schnickschnack auskommen, in Würde altern, dabei Patina bekommen und ein Leben lang benutzt und geliebt werden.

Auf dem Weg, 20 Nähprojekte zu entwickeln, die diese starken Kriterien erfüllen, musste ich viel Neues angehen. Ich habe zwar schon etliche Nähbücher geschrieben, aber ich hatte zum Beispiel noch nie Leder zu Riemen oder Tragegurten verarbeitet. Meine Erfahrung mit festen Stoffen fand bisher hauptsächlich beim Verarbeiten von alten Jeans und Jeansstoffen statt. Ich habe ausprobiert, Fehler gemacht, mich manchmal geärgert oder sogar überfordert gefühlt. Aber am Ende, wenn das Ergebnis endlich überzeugte, war ich einfach nur glücklich und stolz.

Das ist es, was ich Ihnen ans Herz legen möchte: Betreten Sie Neuland, lassen Sie sich Zeit zu lernen, sehen Sie Fehler als wichtige Schritte vorwärts und nähen Sie für sich und andere einzigartige und robuste Lebensbegleiter. Das bringt unglaublich viel Spaß, ist nachhaltig und macht extrem zufrieden!

Ich hoffe, dass mein Buch Ihnen zu diesem Erfolg und zu diesem Glücksgefühl verhilft, und wünsche Ihnen viel Spaß beim Nähen!

Laura Wilhelm

Grundlagen

Materialien | Zubehör | und Werkzeug

Feste schwere Stoffe

Es gibt verschiedene Arten fester und schwerer Webstoffe, sie sind bei den Taschen-, Outdoor- und Möbelstoffen sowie auch bei den Bekleidungsstoffen zu finden. Für die Projekte in diesem Buch wurden unterschiedliche Canvas-Arten aus reiner Baumwolle und hochwertige Möbelstoffe aus Naturfasern verwendet. Natürlich eignen sich auch andere dicht gewebte Stoffe mit mittelschwerem oder schwerem Gewicht.

CANVAS / SEGELTUCH
bezeichnet ein robustes und festes Baumwollgewebe (manchmal auch mit einem Leinen- oder Polyesteranteil) in Panamabindung, einer Variante der Leinwandbindung. Vorder- und Rückseite sehen meist gleich aus – deswegen kann Canvas sehr gut ungefüttert verarbeitet werden. Je nach Stärke des verwebten Garns kann die Stoffart eine feine bis grobe Struktur haben. Canvas ist gewöhnlich nach Herstelleranweisung waschbar.

Schwerer (heavy) und leichter (light) Canvas (A)
Das Gewicht (in g/m²) und die Garnstärke des jeweiligen Stoffes beeinflussen seine Optik, seinen Griff und seine Strapazierfähigkeit. Die unterschiedlich schweren Canvas-Qualitäten haben in der Regel eine gleichmäßig farbige Oberfläche.

Vorgewaschener (prewashed) Canvas (B)
Diese Variante sieht je nach Vorbehandlung schon etwas »used« aus, was sehr gut zu den Projekten in diesem Buch passt.

GEWACHSTE BAUMWOLLE (C)
(auch Oilskin, Waxed Canvas oder Waxed Cotton) ist ein mit einer Wachs-/Öl-Mischung behandelter fester Stoff in Leinwandbindung, der wasser-, wind- und schmutzabweisend ist. Ursprünglich in England für wetterfeste Seefahrerbekleidung entwickelt und später auch bei der Jagd getragen, werden gewachste Stoffe heute generell gern für Textilien im Outdoor-Bereich verwendet. Die Stoffart zeichnet sich durch milchig aussehende Knicke und Falten aus, was ihr eine lebendige Oberfläche verleiht, die sich beim Tragen verändert und den beliebten »Used Look« erzeugt.

A

B

C

D

Gelegentlich ist bei gewachsten Stoffen der Baumwolle etwas Kunstfaser beigemischt. Sie sind in Varianten von leicht bis sehr schwer erhältlich, je nach Stärke der verwebten Fäden (in Denier angegeben, je höher die Zahl, desto dicker und gröber der Stoff und seine Struktur) und der Wachsbeschichtung. Die Griffqualität kann von klebrig (wie bei Heavy Oilskin) über ölig bis angenehm trocken (Fox Oilskin, Dry Oilskin, Dry Waxed Canvas) sein. Die Gewichtsstärken reichen dabei von 230 g/m^2 über 388 g/m^2, 400 g/m^2, 420 g/m^2, 510 g/m^2 bis zu 560 g/m^2. Das Gewicht allein sagt nicht unbedingt etwas über die Dicke des Stoffes aus, da es auch darauf ankommt, wie stark dieser gewachst ist. Die Meterware ist in der Regel 140–145 cm breit und wird international auch in der Maßeinheit Yard angeboten.

Gewachste Stoffe sollten nicht mithilfe von Stecknadeln verarbeitet werden, sondern mit Stoffclips, da die Einstichlöcher sichtbar bleiben. Daher dürfen auch die Nähnadeln nicht zu dick sein (am besten an einem Reststück ausprobieren): Für dünnere gewachste Stoffe ist Stärke 80 empfehlenswert, für schwereres und dickeres Material Stärke 100–110. An der Nähmaschine sollte die Stichlänge zwischen drei und vier liegen. Stark gewachste Stoffe können Rückstände auf Nähfüßchen und Stichplatte hinterlassen, die aber gut mit einem weichen Tuch oder Wattestäbchen entfernt werden können.
Gewachste Stoffe sind in der Regel nicht waschbar, manche kann man jedoch mit einer weichen Bürste und etwas kaltem Wasser reinigen (am besten an einem Probestück testen). Durch vorsichtiges Föhnen lässt sich das Wachs verflüssigen und neu verteilen, wenn beispielsweise bestimmte Knickstellen stören. Generell sollte beim Verarbeiten dieser Stoffart auf die Herstellerangaben geachtet werden. Gewachste Stoffe dürfen nicht gebügelt werden, man kann sie aber gut mit dem Fingernagel oder einem Falzbein in Form knicken. Textilien aus gewachstem Stoff hinterlassen beim Tragen normalerweise keine Rückstände auf anderer Kleidung. Nur bei starker Wärmeeinwirkung (direkte Sonneneinstrahlung, diverse Heizquellen) ist Vorsicht geboten, dann kann sich die Beschichtung lösen und Flecken auf anderen Materialien verursachen.

TIPP
Generell sollten waschbare Stoffe vor dem Vernähen vorgewaschen werden, da sie einlaufen können.

Für Kleidung und Accessoires aus gewachsten Stoffen gibt es Imprägnierwachs (in fester Form oder als Paste) zum Nachbehandeln. Es wird großflächig auf den Stoff aufgestrichen. Dann föhnt man es oder bügelt es mithilfe eines aufgelegten Tuchs bei niedriger bis mittlerer Stufe (ohne Dampf) auf, so verteilt sich das Wachs und zieht in den Stoff ein.

MÖBELSTOFFE (D)
Auch diese eignen sich gut für die im Buch vorgestellten Nähprojekte, vor allem hochwertige Qualitäten aus Naturfasern wie Schurwolle sind empfehlenswert, weil sie strapazierfähig und angenehm im Griff sind. Beim Online-Kauf lohnt sich das Anfordern einer Stoffprobe, um sicherzugehen, dass das teure Material den eigenen Vorstellungen entspricht. Stoffreste kann man unter Umständen auch kostengünstig in Polstereien erhalten.

Lassen sich schwere Stoffe mit der Haushaltsnähmaschine verarbeiten?
Für die Umsetzung der Projekte in diesem Buch genügt eine Haushaltsnähmaschine. Wichtig ist die Verwendung einer passenden Nadel (siehe auch Seite 20). Falls man die Neuanschaffung einer Nähmaschine erwägt und häufig schwere Stoffqualitäten und Leder verarbeitet, dann sind Fabrikate, bei denen man die Höhe der Grundplatte verstellen und der Stärke des Nähguts anpassen kann, sehr praktisch. Vorteilhaft ist es auch, wenn sich die Nadelposition zur Seite verstellen lässt, das erleichtert das Feststeppen von Reißverschlüssen und Paspelband. Vor dem Verarbeiten der zugeschnittenen Teile sollten immer die Einstellungen der Nähmaschine an einem Probestück getestet werden, um das Stichbild zu prüfen.

Leder – welches eignet sich für die Projekte?

Mit einer Haushaltsnähmaschine kann leichtes bis mittelstarkes Leder verarbeitet werden. Für die Projekte in diesem Buch wurde 1–1,5 mm starkes Nappaleder verwendet, das auch doppellagig noch gut vernäht werden kann, sowie Riemenleder/Blankleder in Stärke 2,5 mm (dieses kann nur einlagig vernäht werden). Für die Befestigung der fertigen Lederriemen am Stoff eignen sich Buchschrauben (alternativ Nieten). Wichtig ist es, an einem Probestück des ausgewählten Leders die Stichlänge und das Stichbild zu testen und das dafür geeignete Garn auszuwählen.

LEDER KAUFEN UND ALTERNATIVEN FÜR ECHTLEDER

Da die Projekte in diesem Buch keine großen Mengen an Leder erfordern, reichen Reststücke oder Abschnitte. Diese sind wie die fertig zugeschnittenen Lederriemen im Fachhandel oder online erhältlich, allerdings ist es in der Regel besser, das Leder vor dem Kauf in natura zu sehen und den Griff zu testen. Manche Händler bieten Lederrestpakete in unterschiedlichen Sortierungen und Größen an. Auch bei Sattlereien oder Polstereien kann man Reststücke zu fairen Preisen erhalten.
Generell ist es ratsam, zertifizierte Ware zu verwenden, die nachhaltig produziert wurde und möglichst schadstoffarm ist. Alternativ kann auf Kunstleder oder Lederpapier zurückgegriffen werden oder auf robusten Webstoff. Die Lederriemen können durch Gurtband ersetzt werden. Da dieses jedoch beim Lochen leicht ausfransen würde, sollte es nicht mit Buchschrauben befestigt, sondern aufgenäht werden.

Waschbarkeit der verwendeten Materialien

Da Leder wie auch gewachste Stoffe nicht waschbar sind, kann man diese beiden Materialien gut miteinander kombinieren. Eine waschbare Alternative zu den gewachsten Stoffen sind vorbehandelte Canvas-Varianten (unter den Begriffen »Stonewashed Canvas«, »Retro-Canvas« oder »Pre-washed Canvas« zu finden), die eine ansprechende Patina-Optik haben.

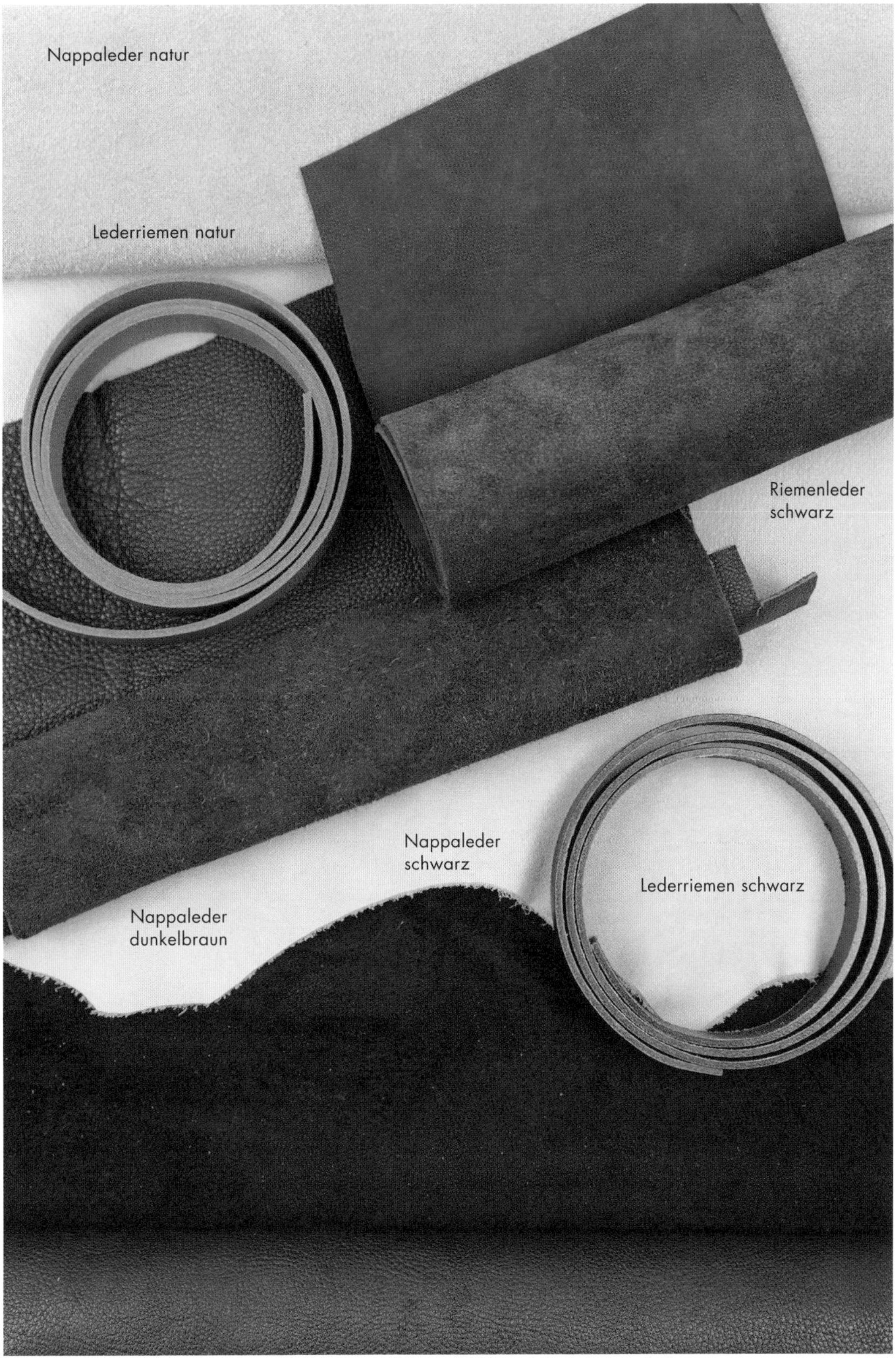
Nappaleder natur
Lederriemen natur
Riemenleder schwarz
Nappaleder schwarz
Lederriemen schwarz
Nappaleder dunkelbraun

Zubehör

Metallteile

❶ D-Ringe – für Verschlüsse und Verbindungen von Trageriemen; das Innenmaß sollte der Breite des verwendeten Riemens oder Gurtbands entsprechen

❷ Taschenkarabiner – für abnehmbare Trageriemen

❸ Rollschnalle – zur Herstellung von Riemenverschlüssen

❹ Doppelstegschnalle – zur Herstellung von Riemenverschlüssen

❺ Vierkantringe – für Verschlüsse und Verbindungen von Trageriemen, das Innenmaß sollte der Breite des verwendeten Riemens oder Gurtbands entsprechen

❻ Leiterschnallen (Schieber) für die Längenverstellung an Trageriemen

❼ Druckknöpfe – mit mitgeliefertem Werkzeug leicht anzubringen

❽ Buchschrauben – praktisch zur Anbringung von Lederriemen an Stoffobjekten, auch als Verstärkung oder Verbindung bei selbst hergestellten Riemenverschlüssen; lassen sich im Gegensatz zu Nieten auch wieder abnehmen

❾ Magnetverschluss – einfach anzubringen, für Bereiche, an denen nicht viel Druck ausgeübt werden darf (wie an Brillenetuis)

❿ Nieten – mit mitgeliefertem Werkzeug anbringen

Kurzwaren

❶ Gurtband – für Tragegriffe und Tragegurte, auch als Ersatz für Lederriemen

❷ Klettverschluss (Haken- und Flauschband)

❸ Schrägband – zum Versäubern von Schnittkanten

❹ Fischgrätband (Nahtband) – zum Versäubern von Schnittkanten in geradem Fadenlauf

❺ Schnallenriemen

❻ Lederriemen – für Trageriemen, Tragegriffe und Befestigungsstücke; mit Roll- und Leiterschnalle zum Verstellen vielseitig einsetzbar

❼ Klettriemen (Klettbandgurte)

❽ Allesnähergarn

❾ extrastarkes Garn

❿ Reißverschluss

Werkzeug

❶ Kreativhammer/Hartgummihammer zum Einschlagen von Nieten – hinterlässt keine Spuren auf dem Stoff

❷ Schlitzschraubenzieher – zum Befestigen der Buchschrauben

❸ Lochzange, Variozange

❹ Ahle / Pfriem

❺ Kreiderad

❻ Kreideminenstift

❼ Zickzackschere – zum einfachen Versäubern von Schnittkanten bei nicht fransendem Stoff (für Nähprojekte ohne Futter)

❽ Falzbein – zum Falzen und Glätten von Kanten bei nicht bügelbaren Materialien

❾ Eckenformer – für verstürzte Ecken und Nahtkanten

❿ Lederkleber/Alleskleber

⓫ Metalllineal – für exakten Zuschnitt mit dem Rollschneider oder Cutter

⓬ Cutter – für exakten Lederzuschnitt

⓭ Rollschneider – für exakten Zuschnitt von schwerem Stoff und Leder

⓮ Schneidematte – schützt die Arbeitsfläche beim Zuschnitt

⓯ Wonder-Tape – doppelseitiges Klebeband zum vorläufigen Fixieren; wäscht sich rückstandslos aus

⓰ Bügelpunkte

⓱ Stoffclips

⓲ Ledernadeln

⓳ Jeansnähnadeln – zur Verarbeitung schwerer Stoffe

①
②
③
④
⑤
⑥
⑦
⑧
⑨
⑩
⑪
⑫
⑬
⑭
⑮
⑯
⑰
⑱
⑲
SCHMETZ
JEANS

Grundausstattung

Nähmaschine

Eine gute Nähmaschine ist enorm wichtig für die Umsetzung der vorgestellten Projekte – und alte Modelle sind dafür oft am besten geeignet! Anstatt eine billige neue Maschine zu kaufen, ist es besser, ein altes Exemplar beim Fachhändler generalüberholen zu lassen oder ein gebrauchtes Modell zu erwerben. Neue, günstige Maschinen bieten zwar oft beeindruckend viele Stichvarianten, kommen aber bei schweren oder dicken Stoffen schon beim einfachen Geradstich an ihre Grenzen. Sollten Sie sich eine neue Maschine anschaffen wollen, finden sich bereits im mittleren Preissegment gute Markenmodelle, die ein sauberes Stichbild liefern und sich auch für die Verarbeitung schwererer Stoffe eignen. Lassen Sie sich im Fachhandel beraten, dort können Sie auch verschiedene Maschinen ausprobieren, um ein passendes Modell zu finden. Für die Projekte in diesem Buch genügt eine solide Haushaltsnähmaschine mit Gerad- und Zickzackstich und einem auswechselbaren Reißverschlussfuß.

Nähmaschinennadeln

Bei der Verarbeitung von schweren Stoffen sollten Sie Nähmaschinennadeln der Stärke 90–110 verwenden, in die man auch gut extrastarkes Nähgarn einfädeln kann. Leder sollte ausschließlich mit Ledernadeln vernäht werden, diese haben eine scharfe, keilförmige Spitze.

Nähfüßchen

Für die Projekte wird neben dem gängigen Nähfuß ein Reißverschlussfuß benötigt (in der Nähmaschinenausstattung enthalten), auch zum Festnähen der Lederpaspel.
Sollte das Leder beim Nähen nur schwer unter dem Nähfuß weitertransportiert werden, kann man Backpapier oder Seidenpapier halbseitig unter den Nähfuß legen; falls man es mit festnäht, kann es danach leicht wieder entfernt werden. Alternativ dazu kann ein Stück Klebeband oder Masking Tape auf der Nähfuß-Unterseite befestigt werden, damit dieser besser über das Leder gleitet.

Stichart und Stichlänge

Schwere Stoffqualitäten näht man am besten mit Geradstich der Länge 2,5–3 mm. Bei extrastarkem Garn kann die Stichlänge auch 3,5 mm betragen – je nach gewünschtem Stichbild. Leder wird fast ausschließlich mit Geradstich verarbeitet. Die Stichlänge darf nicht zu kurz sein, weil das Leder sonst ausreißen könnte; empfehlenswert ist eine Einstellung von 3–4 mm.

Fadenspannung

Diese ist extrem wichtig für ein sauberes Stichbild und ein gutes Nähergebnis. Die Spannung lässt sich für Ober- und Unterfaden individuell an der Nähmaschine einstellen. Für ein perfektes Stichbild sollten sich Ober- und Unterfaden genau in der Mitte des Nähguts verkreuzen. Der Oberfaden darf nicht auf der Unterseite und der Unterfaden nicht auf der Oberseite sichtbar sein. Die Spannung wird bei neueren Maschinen meist nur durch die Oberfadenspannung reguliert (siehe auch Tipps unten).

Nähmaschinengarn

Für die Verarbeitung von schweren Stoffen eignet sich Nähgarn aus Polyester (Allesnäher der Stärke 100 oder 120). Extrastarkes Nähgarn kann für besonders strapazierte Nähte und sichtbare Ziernähte sowie für Leder verwendet werden. Hierfür ist Garn der Stärke 80 ideal, eine größere Farbauswahl gibt es allerdings in Stärke 40. Beim Nähen sollte darauf geachtet werden, dass das Nadelöhr groß genug ist zum Einfädeln des Garns. Am besten verwendet man bei Ziernähten dickes Garn nur als Oberfaden, da es in der Unterfadenspule oft schwer läuft; dort sollte Allesnähergarn eingesetzt werden.

TIPPS FÜR EIN PERFEKTES STICHBILD

» Verwenden Sie als Ober- und Unterfaden immer das gleiche Nähgarn – am besten von derselben Garnrolle (Ausnahme: bei extrastarkem Nähgarn, siehe oben). Nur so lässt sich die Fadenspannung perfekt einstellen.

» Verwenden Sie für die Projekte keine Garne aus Naturfasern wie Baumwolle oder Seide. Sie können beim Waschen einlaufen und verlieren im Lauf der Zeit ihre Dehnbarkeit und Strapazierfähigkeit. Altes Garn (wie vom Flohmarkt) reißt daher oft schon beim Nähen.

» Verwenden Sie eine der Garnstärke entsprechende Nähmaschinennadel. Das Garn sollte leicht durch das Nadelöhr gleiten.

» Lesen Sie in der Bedienungsanleitung der Nähmaschine nach, ob und wo die Unterfadenspannung eingestellt werden kann. Bei älteren Modellen befindet sie sich an der Spulenkapsel unterhalb der Stichplatte.

» Prüfen Sie die Oberfadenspannung anhand einer Nähprobe. Dafür legen Sie ein Stück Originalstoff doppelt und nähen einige Zentimeter mit Geradstich (Stichlänge 2,5). Nun können Sie am Stichbild erkennen, ob Ober- und Unterfaden sich genau zwischen den Stofflagen verschlingen. Korrigieren Sie ggf. die Einstellung am Spannungsregler.

Zuschnitt

SCHNITTE ERSTELLEN UND ÜBERTRAGEN

Da die Schnitte in diesem Buch auf einfachen Grundformen (Rechteck, Quadrat, Kreis, Halbkreis, Dreieck) basieren, ist kein Schnittbogen und kein Abpausen nötig. Die Schnitte können anhand der Schemazeichnungen auf Rasterpapier, Schnittpapier oder einfaches Packpapier aufgezeichnet werden. Sie benötigen dazu ein langes Lineal, einen Winkel oder ein Geodreieck und ein Maßband sowie einen geeigneten Stift. Übertragen Sie alle Markierungen auf die Papiervorlage und beschriften Sie die Schnittteile entsprechend (Bezeichnung, Anzahl der Schnittteile, Markierungen, Fadenlauf etc.), um später alle wichtigen Informationen zur Hand zu haben. Vermerken sie auf den Schnittteilen, dass die Nahtzugaben bereits enthalten sind. Einfache Formen können Sie auch direkt auf die linke Stoffseite aufzeichnen – hierfür ist ein feiner Kreidestift oder ein wasserlöslicher Markierstift empfehlenswert.

SCHNITTTEIL

Die Schnittteile für die Projekte enthalten bereits alle erforderlichen Nahtzugaben (wenn nicht anders angegeben). Sie betragen beim Nähen 1 cm. Die angegebenen Positionen für Lochungen, aufgesetzte Taschen, Riemen oder Tragegriffe beinhalten die Nahtzugabe, sie muss also beim Messen an einer Kante nicht abgezogen werden.

ZUSCHNEIDEN

Bei den Projekten in diesem Buch können die Schnittteile im Fadenlauf direkt auf die linke Stoffseite gezeichnet werden. Alternativ fertigt man Papiervorlagen, die von links auf den Stoff gelegt und mit kleinen Gewichten (im Fachhandel erhältlich, große Unterlegscheiben aus dem Baumarkt oder flache Steine eignen sich ebenso) fixiert werden. Dann zeichnet man die Konturen mit Kreide- oder Markierstift nach und schneidet die Teile mit einer scharfen Stoffschere zu.

Zubehör

❶ Papierschere

❷ Stoffschere

❸ kleine Schere

❹ Nahttrenner

❺ Lineal und Winkel/Geodreieck oder Schneiderlineal

❻ biegsames Kurvenlineal

❼ Bleistift, Filzstift

❽ Schneiderkreide oder Markierstift

❾ Radiergummi

❿ Heftgarn

⓫ Handnähnadeln und Sicherheitsnadeln

⓬ Stecknadeln

⓭ Bügeleisen, Bügelbrett (ohne Abb.)

⓮ Maßband

⓯ Schnittpapier

⓰ Klebeband

⓱ Feuerzeug

Verarbeitungstechniken

Leder

LEDERTEILE ZUSCHNEIDEN (A)
Damit die Kanten glatt und gerade werden, sollte Leder nicht mit einer Schere, sondern mit einem Cutter oder Rollschneider geschnitten werden. Da in den bemaßten Schnittteilen für die Projekte eine Nahtzugabe enthalten ist (und die angezeichneten Konturen nach dem Vernähen nicht mehr sichtbar sind), können Sie die Teile mit Kreide, Markierstift oder Kugelschreiber direkt auf die rechte Lederseite aufzeichnen (A). Ansonsten fixieren Sie den Papierschnitt mit Röllchen aus Masking Tape oder Klebeband (dieses vorher kurz an ein Stück Stoff kleben, damit es nicht mehr so stark haftet) auf dem Leder und zeichnen dann die Konturen nach. Markierungen werden mit einem Stift oder einer Ahle (kleine Lochungen stechen) innerhalb der Nahtzugabe angebracht. Sollte das Leder zu dunkel zum Anzeichnen sein, setzt man bei geraden Linien ein Geodreieck oder Lineal direkt am Papierschnitt an und schneidet mit dem Cutter daran entlang.
Rundungen schneiden Sie frei Hand entlang der aufgezeichneten Konturen oder mithilfe einer Schablone aus dicker Pappe.

LEDERRIEMEN SCHNEIDEN (B)
Lederriemen sollten Sie ohne vorheriges Anzeichnen zuschneiden, da Markierungslinien darauf sichtbar bleiben. Am besten legt man dazu auf das Leder im entsprechenden Abstand ein großes Geodreieck und schneidet direkt daran entlang, oder man setzt zuerst mit der Ahle kleine Markierungen, an die man beim Zuschnitt ein langes Lineal anlegt.

LOCHUNGEN AM RIEMEN ANBRINGEN (C)
Die Markierungen für die Lochungen eines Schnallenriemens können individuell nach Projekt und Gebrauch angezeichnet werden – in der Regel sitzen sie mittig auf dem Riemen, in Abständen von 1,5–2,5 cm verteilt. Die Lochgröße sollte an den Dorn der Schnalle angepasst werden. Probieren Sie das am besten an einem Reststück aus. Benötigen Sie mehrere Riemen mit derselben Lochung und Form an den Enden, lohnt es sich, eine Schablone aus Pappe in der Breite des Riemens mit den Lochmarkierungen anzufertigen. Das Riemenende können Sie abrunden, im 45-Grad-Winkel abschrägen oder zur Spitze hin in einem leichten Bogen auslaufen lassen.

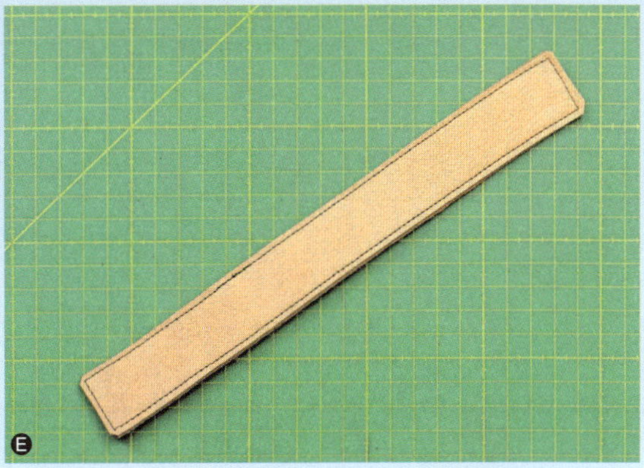

DOPPELLAGIGE LEDERRIEMEN HERSTELLEN

Aus Nappalederresten (1–1,5 mm stark) können Tragegriffe und -riemen auch selbst hergestellt werden. Hierzu schneiden Sie zwei Riementeile in der gewünschten Länge und Breite zu. Bestreichen Sie sie von links mittig mit Kleber und fixieren Sie sie l-a-l aufeinander (D). Dann setzen Sie eine Ledernadel in die Nähmaschine ein und steppen mit extrastarkem Nähgarn (und Stichlänge 3,5–4 mm) die Teile knappkantig aufeinander (E). Diese Riemenvariante ist noch dünn genug, dass sie direkt auf dem gewünschten Objekt festgenäht werden kann.

Schnallenstück

ZUM AUFNÄHEN AUS DÜNNEM LEDER

Je nach Größe der Rollschnalle müssen die hier angegebenen Maße angepasst werden. Dazu kann man zunächst ein Probestück aus Stoff nähen. Das fertige Schnallenstück soll in diesem Beispiel 2,5 cm x 6 cm groß sein und eine Aufnähfläche von ca. 2 cm x 3 cm haben. Dafür schneiden Sie einen Riemen mit 2,5 cm x 12 cm zu und einen weiteren mit 0,7 cm x 7,5 cm für den Ring (7,5 cm entspricht der doppelten Breite des Riemens + 2 cm Klebefläche + 0,5 cm Weitenzugabe).

1. In den großen Riemen längs mittig einen 0,3 cm breiten und 1,2 cm langen Schlitz für den Dorn schneiden (A).
2. Den geschlitzten Riemen um die Rollschnalle legen und den Dorn durch den Schlitz führen. Den kleinen Riemen überlappend zum Ring zusammenkleben (oder r-a-r zusammennähen, wenden und die Nahtzugabe auseinanderfalzen) (B).
3. Den Ring auf die spätere Außenseite des Schnallenstücks fädeln (C). Den Ring unterhalb des Schlitzes von links mit etwas Kleber fixieren und auch den Riemen mit Kleber einstreichen (D).
4. Dann den Riemen kantenbündig zusammenklappen, die Lagen fest aufeinanderpressen und mit Klammern fixieren (E).
5. Das Schnallenstück kann jetzt auf das Stoffobjekt aufgesteppt (hier im Rechteck und über Kreuz) und zusätzlich mit einer Buchschraube verstärkt werden (diese ist hier etwas versetzt angebracht, damit die Naht nicht erfasst wird) (F).

Material
Leder (bis zu 1,5 mm stark)
Rollschnalle (2,5 cm Innenmaß)
optional: Buchschraube

ZUM AUFNÄHEN AUS DICKEM LEDER

Hier wird stärkeres Leder so verarbeitet, dass der Riemen einlagig aufgenäht werden kann. Das fertige Schnallenstück soll hier 7 cm x 2,5 cm groß sein und eine einlagige Aufnähfläche von ca. 2 cm x 3 cm haben. Dafür schneiden Sie einen Riemen mit 2,5 cm x 12 cm zu und einen weiteren mit 0,7 cm x 7,5 cm für den Ring (7,5 cm entspricht der doppelten Breite des Riemens + 2 cm Klebefläche + 0,5 cm Weitenzugabe).

1. Am großen Riemen auf der Rückseite ca. 3 cm von einem Ende entfernt eine Querlinie für die Aufnähfläche anzeichnen. Im längeren Bereich längs mittig einen 0,3 cm x 1,2 cm großen Schlitz für den Dorn anzeichnen (A).
2. Den geschlitzten Riemen um die Rollschnalle legen und den Dorn durch den Schlitz führen. Den kleinen Riemen überlappend zu einem Ring zusammenkleben (B) und auf den Riemen fädeln.
3. Den Ring unterhalb des Schlitzes von links mit etwas Kleber fixieren. Auch den Riemen mit Kleber einstreichen, dabei die Aufnähfläche aussparen (C).
4. Den Riemen genau bis zur Markierung zusammenklappen, die Lagen fest aufeinanderpressen und mit Klammern fixieren (D).
5. Den Riemen 1 cm oberhalb der Aufnähfläche mittig lochen (E) und die Buchschraube anbringen. Das Schnallenstück auf dem Stoffobjekt festnähen (hier im Quadrat und über Kreuz) (F).

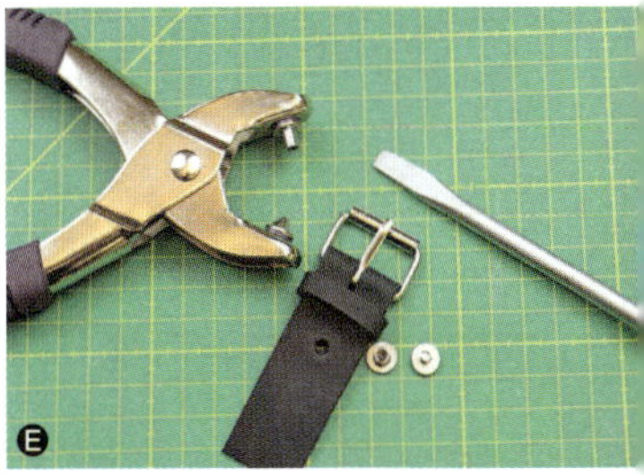

Material

Leder (bis zu 2,5 mm stark)
Rollschnalle (2,5 cm Innenmaß)
Buchschraube

TIPP

Viel leichter lässt sich der Riemen feststeppen, wenn Sie die Aufnähfläche mit der Nähmaschine ohne Garn in der gewünschten Stichlänge »vorlochen«. Beim anschließenden Festnähen mit Garn gehen Sie langsam vor, um die Löcher zu treffen.

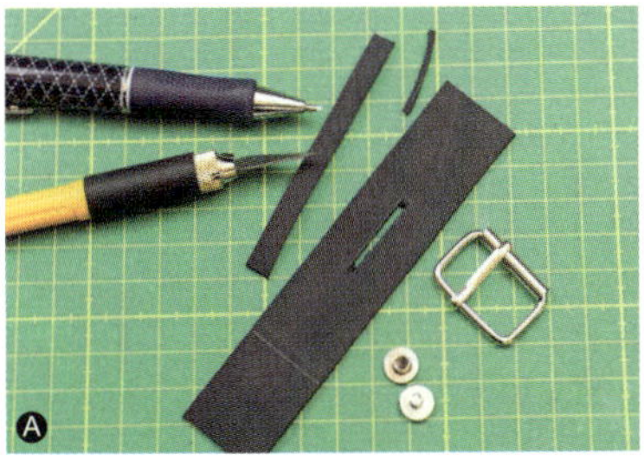

Taschenkarabiner

A

B

C

D

MIT VERSTELLBAREM SCHULTERGURT

1. Die Enden des Gurtbands (sofern aus Kunstfasern) vorsichtig mit einem Feuerzeug abflammen, damit sie verschmelzen und nicht ausfransen. Bei einem Baumwollband die Enden mit Zickzackstich versäubern.
2. Ein Gurtbandende 4 cm durch einen Taschenkarabinerring führen und mit Klammern fixieren. Die Leiterschnalle am anderen Ende wie abgebildet auf das Band schieben (B).
3. Den zweiten Karabiner an diesem Ende einfädeln und das Band dort wie abgebildet um den Mittelsteg der Leiterschnalle führen. Mit Klammern fixieren (C).
4. Die Gurtenden an der Leiterschnalle rechteckig feststeppen (nur doppellagig, damit das Band verstellbar bleibt), am Karabiner rechteckig und diagonal (D).

Material (A)
2 m Gurtband (4 cm breit)
2 Taschenkarabiner (4 cm Innenmaß)
1 Leiterschnalle (4 cm Innenmaß)

MIT SCHULTERRIEMEN UND BUCHSCHRAUBEN

1. Länge des fertigen Schulterriemens festlegen, für die umgeklappten Enden je 4 cm Zugabe hinzurechnen. Riemen entsprechend kürzen.
2. Jeweils 8 cm von den Riemenenden auf der Rückseite eine Querlinie anzeichnen (B).
3. Karabiner jeweils an den Riemenenden auffädeln und dort innerhalb der 8 cm Kleber auftragen, dabei in der Mitte ca. 1,5–2 cm aussparen (C).
4. Riemenenden jeweils bis zur Querlinie umschlagen und fest um die Karabiner verkleben (D).
5. Jeweils mittig an den Riemenenden zwei Lochungen mit 1,5 cm Abstand zueinander anzeichnen (die erste 1 cm von der rückwärtigen Schmalkante) (E) und ausstanzen (F).
6. An den Lochungen Buchschrauben anbringen.

Material (A)
1,30 m Lederriemen (2,5 cm breit)
4 Buchschrauben
2 Taschenkarabiner (2,5 cm Innenmaß)

A

B

C

D

E

F

Riemen

SCHULTERRIEMEN AUS DOPPELLAGIGEM LEDER

1. Länge des Schulterriemens festlegen und aus dem Nappaleder einen doppelt so langen und 2,5 cm breiten Riemen zuschneiden.
2. Die Taschenkarabiner auf den Riemen auffädeln, dann diesen so l-a-l zusammenlegen, dass seine Enden 5 cm von einem der Karabinerringe entfernt bündig aneinanderstoßen. Die Riemenlagen mit Lederkleber längs mittig fixieren, dann knappkantig aufeinandersteppen, an den Karabinern im Rechteck und über Kreuz. Den Stoß an den Riemenenden mit engen Zickzackstichen sichern.

RIEMEN MIT BUCHSCHRAUBEN ANBRINGEN

1. Riemen wie in der jeweiligen Anleitung lochen, markierungsgemäß anlegen (wie die Tragegriffe an einem Korbrand, siehe Seite 63) und auf dem Objekt entsprechend Löcher durchzeichnen (A).
2. Einlagige Stoffe an der Markierung von links mit Bügelpunkten verstärken, dann die Löcher ausstanzen.
3. Den Riemen am Objekt anlegen und die Buchschrauben wie abgebildet mithilfe eines Schraubendrehers befestigen (B).

A

B

KLETTRIEMEN UND SCHNALLENRIEMEN NÄHEN

1. Klettriemen können Sie aus Gurtband und Klettverschluss (Haken- und Flauschband) in gewünschter Länge selbst herstellen. Die Enden des Gurtbands (sofern aus Kunststoff) gegen Ausfransen vorsichtig mit Feuerzeug verschmelzen, sonst mit Zickzackstich versäubern. Das Hakenband an einem Gurtende festnähen, das Flauschband am anderen Ende auf der rückwärtigen Gurtseite feststeppen.
2. Einen Schnallenriemen fertigen Sie wie ein »Schnallenstück zum Aufnähen aus dickem Leder« (siehe Seite 27), dabei ersetzen Sie das Maß für die »einlagige Aufnähfläche« durch die gewünschte Riemenlänge.

Reißverschluss

MIT ENDSTÜCKEN – FÜR AUFGESETZTE TASCHEN
Ein Reißverschluss, der sichtbar eingenäht werden soll (wie in eine Tasche, die später auf ein Objekt aufgesetzt wird), lässt sich besser verarbeiten, wenn man daran Endstücke aus Stoff anbringt. So lassen sich auch Metallreißverschlüsse verwenden, die nicht direkt übernäht werden können.

1. Der Reißverschluss sollte 4–6 cm kürzer sein als die entsprechende Stoffkante, an die er genäht wird (inkl. NZG). Mit den Endstücken wird die RV-Länge auf die des Stoffteils erweitert. Dafür zwei Streifen zuschneiden: Breite jeweils wie RV-Breite, Länge jeweils wie RV-Differenzbetrag zum Schnittteil (4–6 cm) plus etwas Zugabe, damit RV-Anfang und -Ende später verdeckt liegen (A).
2. Die Endstücke l-a-l quer mittig falten, eines mit dem Bruch an den RV-Anfang legen, die Längskanten dort bündig feststeppen, damit der RV nicht »aufsperrt«. Das andere Endstück an das RV-Ende legen, beide Endstücke mit einer doppelten Quernaht feststeppen (dabei mindestens 0,7 cm Abstand zur RV-Raupe lassen) (B). Das RV-Teil sollte jetzt dieselbe Breite haben wie die Taschenteile.
3. Den RV mit einer Seite r-a-r an das obere Taschenteil heften und mit dem RV-Füßchen festnähen. Die NZG versäubern (C).
4. Den RV nach außen bügeln und die Stoffkante von rechts durch alle Lagen füßchenbreit absteppen (D).
5. Die andere RV-Seite auf dieselbe Weise am unteren Taschenteil festnähen (E). Dann die restlichen NZG an der Tasche nach links bügeln und diese auf das Objekt aufsteppen.

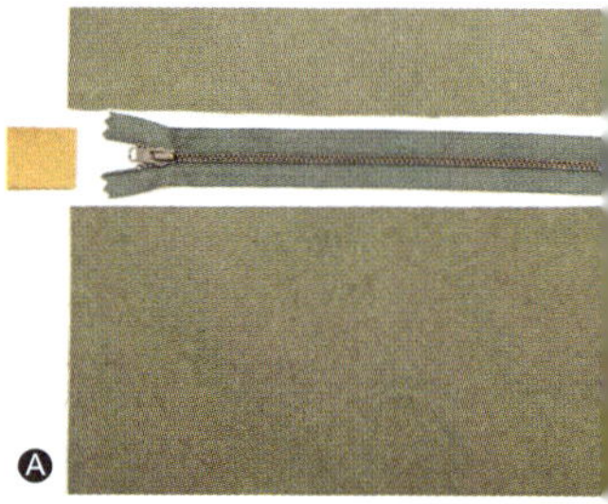
A

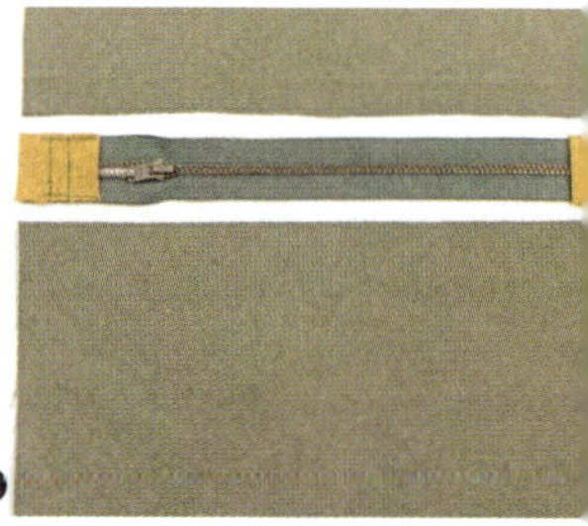
B

C

D

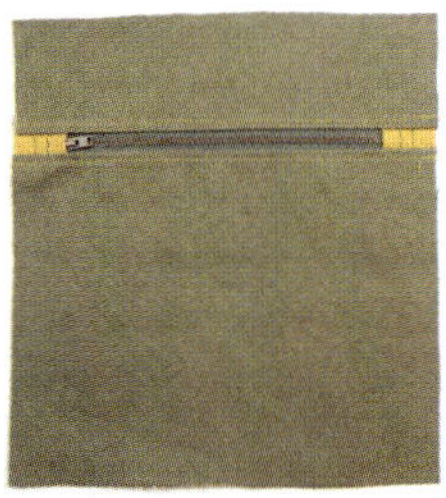
E

Auch kurze Lederriemen oder Gurtband eignen sich als Endstücke – diese können einlagig verarbeitet werden. Bei der Retro-Tasche (Seite 112) die Lederstücke nicht quer, sondern beidseitig nur längs feststeppen. Auf diese Weise können Reißverschlüsse nicht nur in aufgesetzte Taschen, sondern generell zwischen zwei Schnittteile eingenäht werden.

MIT LEDERENDSTÜCKEN IN EIN SCHNITTTEIL EINNÄHEN

1. Endstücke aus Leder können einlagig verarbeitet werden. Dafür zwei kurze Riemen zuschneiden: Breite jeweils wie RV-Breite, Länge jeweils wie halber RV-Differenzbetrag zum Schnittteil (4–6 cm, siehe Seite 32) plus etwas Zugabe (A).
2. Die Lederstücke auf RV-Anfang und -Ende legen und beidseitig längs knappkantig feststeppen (B).
3. Das RV-Teil sollte jetzt dieselbe Breite haben wie das Schnittteil. Den RV mit einer Seite r-a-r an das Schnittteil heften und mit dem RV-Füßchen festnähen (C). Die NZG mit Fischgrätband versäubern (D).
4. Den RV nach außen bügeln und die Stoffkante von rechts durch alle Lagen füßchenbreit absteppen (E).
5. Die andere RV-Seite r-a-r an der gegenüberliegenden Seite des Schnittteils fixieren (F) und auf die gleiche Weise festnähen.

Einfassen Versäubern Abnähen

A

B

C

STOFFKANTEN MIT SCHRÄGBAND EINFASSEN

Dafür wird fertiges Schrägband verwendet, man kann Schrägstreifen aber auch selbst zuschneiden und mit einem Schrägbandformer falzen (A, oben). Eine Einfassung aus dem Grundstoff wirkt dezent. Das Band wird hier zuerst von links festgenäht, man kann es aber auch von der rechten Seite befestigen, um die Kante klappen und dann im Nahtschatten von rechts feststeppen.

1. Das vorgefalzte Schrägband längs mittig falten (linke Seite liegt innen) und bügeln (A, unten).
2. Schrägband wieder aufklappen und in einem der äußeren Falze r-a-l bündig an die Stoffkante stecken. Das Schrägband 1 mm rechts vom Falz festnähen (B).
3. Das Band um die Kante auf die rechte Stoffseite klappen und so feststecken, dass die Ansatznaht überdeckt wird (C). Das Band von rechts knappkantig mit Zickzack- oder Geradstich feststeppen. Bei gerundeten Kanten wird das Schrägband beim Anbringen so weit gedehnt, dass es sich faltenfrei um die Rundung legt.

A

NAHTZUGABEN MIT SCHRÄGBAND ODER FISCHGRÄTBAND VERSÄUBERN

Um Nahtzugaben in ungefütterten Nähprojekten ordentlich und dekorativ zu versäubern, können sie mit Schrägband oder Fischgrätband eingefasst werden (A). Da Fischgrätband feste Webkanten hat und kaum dehnbar ist, kann es nur für gerade Kanten und leichte Rundungen verwendet werden.

1. Das Band in der Länge der jeweiligen NZG zuschneiden, an den Enden zum Einschlagen 1,5 cm zugeben (nur, wenn die Seiten des Schnittteils im Bruch liegen; bei offenen Seitenkanten werden die Bandenden später mit versäubert).
2. Band längs mittig bügeln (linke Seite liegt innen), dann gleichmäßig um die Kante des Schnittteils legen und feststecken. Dabei die Zugabe an den Enden nach innen einschlagen (B). Das Band mit Zickzackstich feststeppen (C).

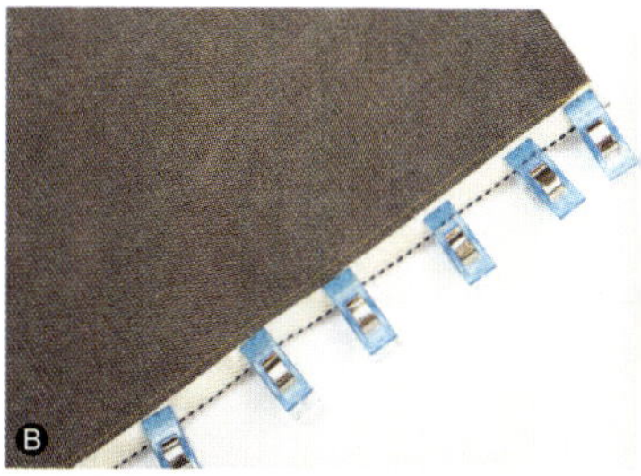

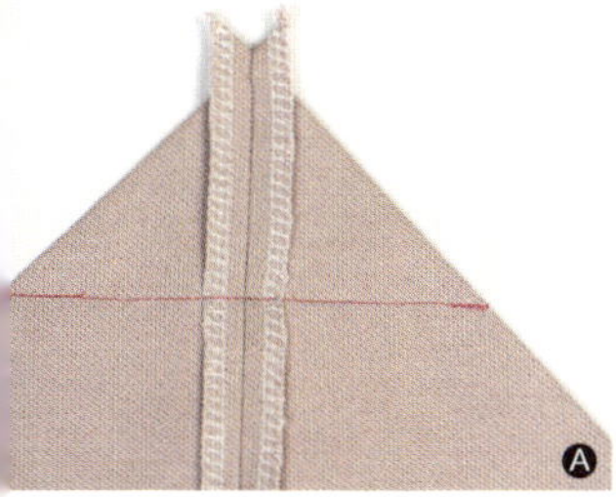

ECKEN ABNÄHEN FÜR EINEN TASCHENBODEN

Um einer flach geschnittenen Tasche oder einem anderen flachen Objekt Bodenvolumen oder eine Standfläche zu verleihen, können die unteren Ecken von links zu einem Boden abgenäht werden.

1. Zuerst die Seiten- und Bodennaht (falls vorhanden) am Taschenteil schließen. Von links die unteren Ecken so falten, dass die Seitennaht auf der Bodennaht (oder -mitte) verläuft und sich eine Dreieckspitze bildet. Dort die gewünschte Bodentiefe anzeichnen; je grösser das Dreieck, desto tiefer wird der Boden.
2. Dann die Spitze im rechten Winkel zur Seitennaht abnähen (A). Die entstandenen Bodendreiecke umbügeln und gegebenenfalls am Boden fixieren (B) oder zurückschneiden. Die Schnittkanten mit Zickzackstich versäubern.

UNTERSCHIEDLICH GEFORMTE STOFFTEILE AN ECKEN ZUSAMMENNÄHEN

Bei manchen Projekten in diesem Buch werden Schnittteile an Ecken so zusammengenäht, dass dadurch dreidimensionale Objekte entstehen. Ein typisches Beispiel sind Körbe oder Taschen mit einem eingesetzten eckigen Bodenteil. So werden die Ecken schön ausgearbeitet:

1. Ein Schnittteil, das an einer geraden Kante an ein Teil mit eckiger Kante genäht wird, jeweils an den Eckverbindungen einknipsen (falls eine Naht vorhanden, diese nur bis zur NZG nähen).
2. Dann die Teile bis 1 cm vor der ersten Ecke zusammennähen (das Teil mit gerader Kante liegt oben), die Nadel dabei im Stoff stecken lassen. Nun den Nähfuß anheben und das Nähgut um 90 Grad wenden. Die NZG und den überschüssigen Stoff glatt nach hinten streichen (durch den Knips oder die unvernähte Nahtzugabe legt sich der Stoff besser um die Ecke).
3. Den Nähfuß wieder senken und bis zur nächsten Ecke steppen, das Nähgut erneut auf die gleiche Weise um 90 Grad wenden und bis zum Nahtende nähen, dieses gut verriegeln.

Projekte

Hängekörbchen für Kräutertöpfe

SCHWIERIGKEITSGRAD 1

Auch wer wenig Platz in der Küche hat, kann Kräutertöpfe unterbringen – sie werden einfach in hübschen Stoffkörbchen an die Decke gehängt.

Größe
Höhe 13 cm, Durchmesser 14 cm

Material
schwerer Canvasstoff in Dunkelblau, Curry und Naturweiß, je 20 cm x 140 cm
Nappaleder in Natur (ca. 1,5 mm stark) oder 1 stärkerer Riemen (2 cm x 56 cm)
Nähgarn, farblich passend
2 Buchschrauben
Häkelnadel (um die Schrift ins Leder zu prägen)

Schnittteile (siehe Schemazeichnung)
Canvas:
2 x Korpusteil, 15 cm x 46 cm
2 x rundes Bodenteil, 16 cm Ø

Nappaleder:
1 x Etikett, 2,5 cm x 5 cm (erst nach dem Prägen zuschneiden)
2 x Riementeil, 2 cm x 56 cm

TIPP
Sie können auch vorgeschnittene Lederriemen aus dem Fachhandel verwenden.

Minze
Basilikum
Salbei

Schnittteile

Fadenlauf für alle Stoffteile

2 x Korpusteil
15 cm x 46 cm

2 x Bodenteil
16 cm Ø

1 x Lederetikett
2,5 cm x 5 cm

2 x Riementeil 2 cm x 56 cm

1

Schrift in Lederetikett prägen
Für das Etikett ein etwas größeres Stück Leder verwenden. Dieses wässern, dann herausnehmen und leicht antrocknen lassen. Für die Beschriftung den gewünschten Text in einem Computerprogramm schreiben und ausdrucken oder von Hand auf Papier schreiben. Dieses auf das feuchte Leder legen und die Buchstaben mit einer Häkelnadel und leichtem Druck nachzeichnen. So wird die Schrift auf das Leder übertragen.

Das Papier entfernen und die Konturen direkt auf dem Leder mit der Häkelnadel tiefer einprägen. Das Lederetikett trocknen lassen und dann in der angegebenen Größe zuschneiden.

3

Nahtzugabe
Die Schnittteile enthalten bereits alle erforderlichen NZG. Wenn nicht anders angegeben, beträgt die NZG beim Nähen 1 cm.

TIPP

Wenn Sie mehrere Körbchen nähen möchten, verwenden Sie am besten ein größeres Stück Leder und prägen die Beschriftungen bereits am Vortag. So ist die Handhabung viel einfacher, weil sich das Leder beim Nähen dann nicht mehr wellt. Am nächsten Tag die Etiketten aus dem getrockneten Lederstück ausschneiden.

4

2

Basilikum

Salbei

Minze

Salbei

Anleitung

1 Alle Teile wie angegeben zuschneiden.

2 Das Lederetikett mittig und 3,5 cm von oben auf dem äußeren Korpusteil feststeppen. Dann aus jeweils einem Korpusteil und einem Bodenteil das Innen- und das Außenkörbchen wie folgt herstellen.

3 Das Korpusteil an den kurzen Kanten r-a-r zusammenstecken und -nähen. Die NZG auseinanderbügeln, dann nach Belieben feststeppen: entweder mittig auf der Naht mit einem breiten Zickzackstich oder einer anderen breiten Ziernaht oder aber rechts und links der Naht mit Geradstich.

4 Die Unterkante des Korpusteils und den Boden in Viertelstrecken einteilen. Korpusteil mithilfe der Markierungen r-a-r an den Boden heften und festnähen. Die NZG bis kurz vor die Naht einschneiden und das Körbchen nach rechts wenden.

5 Das Innen- und das Außenkörbchen l-a-l ineinanderschieben, das Lederetikett zeigt nach außen. Am oberen Rand die NZG nach innen zueinander einklappen und gleichmäßig zusammenheften. Die Teile oben rundherum knappkantig sowie nähfußbreit zusammensteppen.

6 Die Riementeile aufeinandernähen (siehe Seite 25) oder einen stärkeren einlagigen Riemen verwenden. Löcher für die Buchschrauben in den Riemen und das Körbchen stanzen: jeweils eines an den Riemenenden mit 1 cm Abstand dazu; beim Körbchen je eines mittig zwischen Seitennaht und Etikett, 2,5 cm von der oberen Kante.

7 Den Riemen mithilfe der Buchschrauben am Körbchen befestigen: Dazu jeweils die äußeren Buchschraubenhälften durch die Löcher im Riemen stecken, dann durch diese im Körbchen, die Gegenstücke von innen daraufstecken und festdrehen.

TIPP

In die Körbchen passen Kräutertöpfe in den gängigen Größen. Die Vorlage kann beliebig vergrößert oder verkleinert werden.
Zum Gießen nehmen Sie die Töpfe am besten heraus, stellen Sie zudem einen Plastikuntersetzer in die Stoffkörbchen hinein, damit sie nicht durchnässen. Die Riemen können dank der Buchschrauben abgenommen werden, um die Körbchen zu waschen. Beschichtete Stoffe sind unkomplizierter und lassen sich einfach abwischen.

Schwarz | weißer | Shopper

SCHWIERIGKEITSGRAD 2

Ob für Badesachen oder für die täglichen Einkäufe – in diesem attraktiven Shopper kann alles bequem verstaut werden. Und die praktische Reißverschlusstasche nimmt wichtige Kleinteile auf.

Größe
Höhe 50 cm, Breite 30 cm, Tiefe 20 cm

Material
Stoff 1: schwerer Canvas in Schwarz, 55 cm x 95 cm
Stoff 2: schwerer Canvas in Naturweiß, 50 cm x 55 cm
Stoff 3: leichter Canvas, schwarz-weiß gemustert, 115 cm x 55 cm
nahtverdeckter Reißverschluss in Schwarz, 22 cm
2 m Gurtband (4 cm breit) in Anthrazit
Nähgarn in Naturweiß und Schwarz
extrastarkes Nähgarn in Senfgelb

Schnittteile (siehe Schemazeichnung)
Stoff 1: 1 x unteres Taschenteil im Stoffbruch
Stoff 2: 2 x oberes Taschenteil, 22 cm x 50 cm
Stoff 3: 1 x Innenfutter im Stoffbruch

Nahtzugabe
Die Schnittteile enthalten bereits alle erforderlichen NZG. Wenn nicht anders angegeben, beträgt die NZG beim Nähen 1 cm.

TIPP

Die Nahtzugaben müssen nicht versäubert werden, da sie im Inneren der Tasche liegen. Nur bei ausfransenden Stoffen ist es empfehlenswert.

Schnittteile

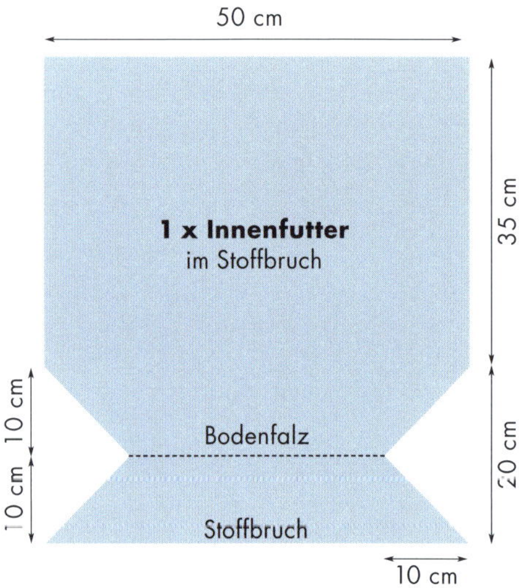

A

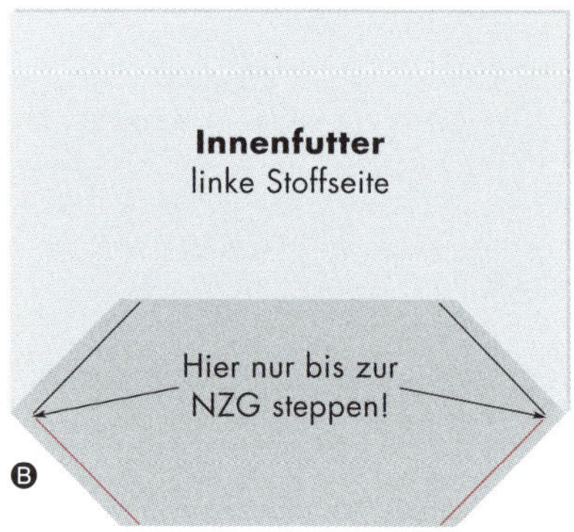

B

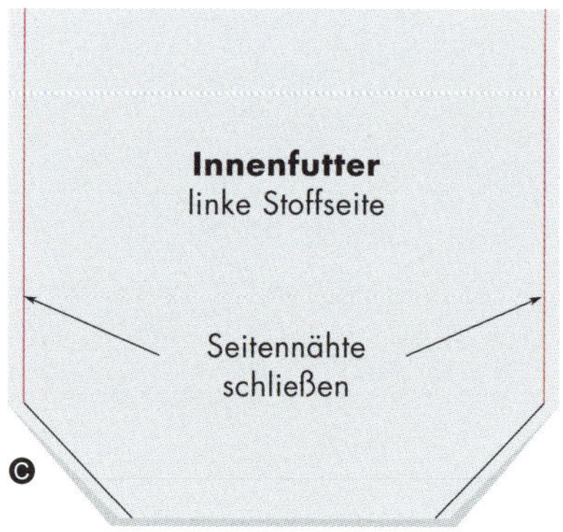

C

Anleitung

1 Alle Teile wie angegeben zuschneiden und die Markierungen übertragen.

2 Die geraden Seitenkanten des Innenfutters versäubern. Dieses an einem Bodenfalz zusammenklappen (rechte Seite innen), an den schrägen Kanten bündig zusammenstecken. Die schrägen Nähte schließen, an den Seiten nur bis zur NZG nähen (A). Die NZG im Nahtbereich zusammen versäubern.

3 Das Innenfutter am zweiten Bodenfalz zusammenklappen (rechte Seite innen) und an den schrägen Kanten bündig zusammenstecken. Die schrägen Nähte schließen, an den Seiten nur bis zur NGZ nähen. Die NZG zusammen versäubern (B).

4 Innenfutter am Taschenboden (Stoffbruch) r-a-r zusammenklappen, an den Seiten bündig zusammenstecken. Die Seitennähte schließen, dabei an den schrägen Nähten beginnen. NZG auseinanderbügeln (C).

5 Nun jeweils die untere Kante der oberen Taschenteile und die oberen Kanten des unteren Taschenteils versäubern. Die oberen Taschenteile an diesen Kanten r-a-r auf das untere Taschenteil stecken, an einer Seite (spätere Taschenrückseite) festnähen. Die NZG auseinanderbügeln, dann 5 mm beidseitig der Naht von rechts absteppen, jeweils in der zum Stoff passenden Garnfarbe.

6 Die Naht an der anderen Seite (Taschenvorderseite) nähen, dabei jedoch mittig eine 22 cm breite Öffnung für den Reißverschluss lassen. Nahtenden mit Rückstichen sichern. Die NZG auseinanderbügeln.

7 Den Reißverschluss gleichmäßig r-a-l unter die Öffnung stecken und rundherum von Hand oder mit der Maschine (und dem Reißverschlussfuß) festheften.

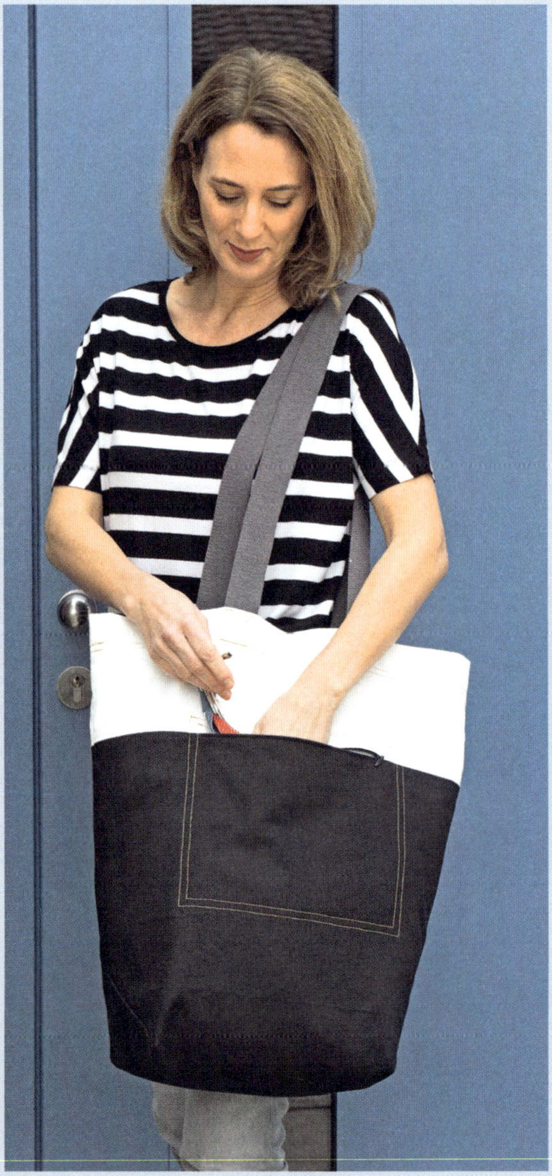

8 Den Reißverschluss von rechts mit 5 mm Kantenabstand festnähen. Dabei auf den beiden Seiten jeweils mit farblich passendem Garn steppen. Nähte sorgfältig verriegeln. Die restlichen NZG von oberem und unterem Taschenteil ebenfalls in entsprechender Garnfarbe absteppen, und zwar exakt bis zu den Reißverschlussnähten.

9 Das Außentaschenteil (wie das Innenfutter) an den geraden Seitenkanten versäubern. Dann an einem Bodenfalz zusammenklappen (rechte Seite innen), an den schrägen Kanten bündig zusammenstecken und -nähen, an den Seiten nur bis zur NZG. Ab dort die NZG zusammen versäubern.

10 Das Außentaschenteil am zweiten Bodenfalz zusammenklappen (rechte Seite innen) und wie in Schritt 9 vorgehen.

11 Das Außentaschenteil nun am Stoffbruch falten (rechte Seite innen), an den Seiten bündig zusammenstecken und -nähen, dabei direkt an den schrägen Nähten beginnen. Die NZG auseinanderbügeln. Die obere Taschenkante 6 cm nach links bügeln, dann wieder aufklappen.

12 Den Reißverschluss öffnen. Außentasche und Innenfutter r-a-r ineinanderschieben, an den oberen Kanten zusammenstecken und -nähen. Die NZG zusammen versäubern und Richtung Innenfutter bügeln.

13 Die Tasche nach rechts wenden und das Futter hineinschieben. Der Bügelfalz am Außentaschenteil bildet die obere Kante, entsprechend beginnt das Innenfutter 5 cm unterhalb der Kante. Die obere Kante erneut bügeln und sorgfältig abstecken. Dann rundherum mit senfgelbem Nähgarn absteppen: zuerst mit 5,5 cm Kantenabstand und danach füßchenbreit nach oben versetzt.

14 Die Reißverschlusstasche steppen: Das Innenfutter und das Außen taschenteil im Bereich des Reißverschlusses bügeln und faltenfrei aufeinanderstecken. Rings um den Reißverschluss ein 24 cm breites und 20 cm hohes Rechteck markieren, dessen obere Kante 1,5 cm oberhalb des Reißverschlusses verläuft. Das Rechteck durch beide Lagen doppelt mit senfgelbem Garn nachsteppen: zuerst auf der Kreidelinie, dann füßchenbreit nach außen versetzt.

15 Das Gurtband halbieren und die Enden vorsichtig mit einem Feuerzeug verschmelzen (bei Kunstfaserband, sonst versäubern). Die Trageriemen von links auf jeder Taschenseite mittig an die obere Kante heften (Innenabstand jeweils 12 cm). Die Länge prüfen und gegebenenfalls kürzen. Die Trageriemen mit dem senfgelben Garn im Quadrat und über Kreuz feststeppen.

Canvas körbchen

SCHWIERIGKEITSGRAD 1

Diese Stoffkörbchen sind wahre Multitalente und überall im Haushalt einsetzbar. Schnell in zwei Größen genäht, sind sie auch eine tolle Geschenkidee.

Größe
kleines Körbchen: Höhe 12 cm, Durchmesser 22 cm
großes Körbchen: Höhe 15 cm, Durchmesser 26 cm

Material
schwerer Canvas in Naturweiß, 35 cm x 140 cm (kleiner Korb); 50 cm x 140 cm (großer Korb)
Nappaleder, kleiner Rest in Natur (ca. 1,5 mm stark)
Nähgarn, farblich passend

Schnittteile kleines Körbchen (siehe Schemazeichnung)
Canvas:
2 x Korpusteil, 14 cm x 72 cm
2 x rundes Bodenteil, 24 cm Ø

Nappaleder:
1 x Laschenteil, 2 cm x 10 cm

Schnittteile großes Körbchen
Canvas:
2 x Korpusteil, 17 cm x 84 cm
2 x rundes Bodenteil, 28 cm Ø

Nappaleder:
1 x Laschenteil, 2 cm x 10 cm

Nahtzugaben
Die Schnittteile enthalten bereits alle erforderlichen NZG. Wenn nicht anders angegeben, beträgt die NZG beim Nähen 1 cm.

TIPP

Für die Lasche kann auch Webband verwendet werden oder Stoff: Dafür einen 4 cm x 10 cm großen Streifen an den langen Seiten 1 cm nach links bügeln, dann längs zur Mitte bügeln, heften und beidseitig knappkantig absteppen.

Schnittteile

Fadenlauf für alle Stoffteile

kleines Körbchen

2 x Korpusteil
14 cm x 72 cm

2 x Bodenteil
24 cm Ø

1 x Laschenteil
2 cm x 10 cm

großes Körbchen

2 x Korpusteil
17 cm x 84 cm

2 x Bodenteil
28 cm Ø

1 x Laschenteil
2 cm x 10 cm

Anleitung

1 Alle Teile wie angegeben zuschneiden.

2 Ein Außen- und ein Innenteil nähen: Dafür jeweils ein Korpusteil an den kurzen Seiten r-a-r zum Ring zusammenstecken. Die Naht schließen, dabei am Innenteil mittig eine Wendeöffnung lassen (kleiner Korb ca. 8 cm, großer Korb ca. 10 cm), die Nahtenden mit Rückstichen sichern. Die NZG auseinanderbügeln.

3 Jeweils die Unterkanten des Stoffrings und den Boden in Viertelstrecken einteilen. Stoffring markierungsgemäß r-a-r an den Boden heften und festnähen. Das Außenteil nach rechts wenden.

4 Die Körbchenteile l-a-l ineinanderschieben und an der oberen Kante zusammenheften. Das Laschenteil l-a-l quer mittig falten und oben an der Seitennaht zwischen die Lagen schieben (Lasche zeigt nach innen), kantenbündig festheften und -steppen. Teile an der oberen Kante zusammennähen, dabei wird die Lasche mitgefasst.

5 Das Körbchen durch die Öffnung nach rechts wenden und das Innenteil hineinschieben. Die Öffnung mit kleinen Handstichen schließen.

Werkzeug rolle

SCHWIERIGKEITSGRAD 1

Dieses Rollmäppchen lässt sich in beliebiger Größe nähen und ist nicht nur für Werkzeug bestens geeignet. Stifte und Pinsel passen genauso gut hinein wie Schminkutensilien oder Reisebesteck.

Größe
Höhe 33 cm, Breite 46 cm

Material
gewachste Baumwolle in Grün, 55 cm x 55 cm
Lederriemen (ca. 2 mm stark) in Schwarz, 2,5 cm x 52,5 cm
extrastarkes Nähgarn in Schwarz
1 Buchschraube
1 Rollschnalle (2,5 cm Innenmaß)
Nähmaschinennadel für Leder

Nähte mit Lederteilen mit der Ledernadel nähen!

Schnittteile (siehe Schemazeichnung)
gewachste Baumwolle: 1x Mäppchenteil
1x Lederriemen, 0,7 cm x 7,5 cm
1x Lederriemen, 2,5 cm x 45 cm

Nahtzugaben
Die Schnittteile enthalten bereits alle erforderlichen Zugaben. Alle Kanten haben hier eine Saumzugabe von 2 cm und werden doppelt (zweimal 1 cm) eingeschlagen.

TIPP

Sie können den Riemen auch selbst aus Leder zuschneiden (siehe Seite 24–25). Falls er zu dick ist, kann er auch geklebt und mit zwei Buchschrauben am Stoff befestigt werden.

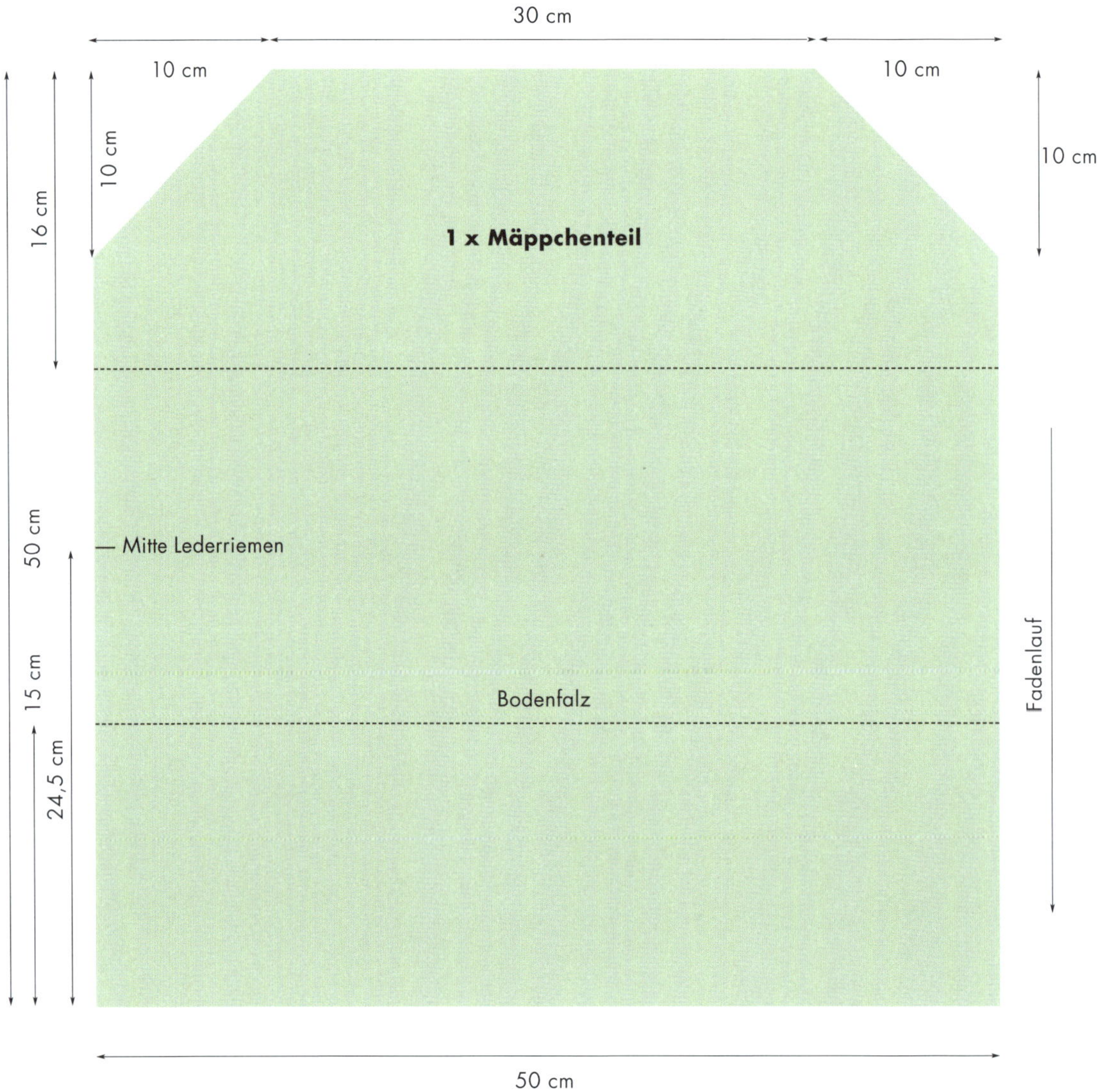

Schnittteile

TIPP

Um die Größe der Stoffrolle festzulegen, schneidet man ein Probeteil aus Zeitungs- oder Packpapier zu, faltet es und steckt es an den gewünschten Linien ab. Die zu verstauenden Utensilien werden dann einfach zur »Anprobe« in die Fächer geschoben.

1 x Lederriemen 0,7 cm x 7,5 cm

1 x Lederriemen 2,5 cm x 45 cm

Anleitung

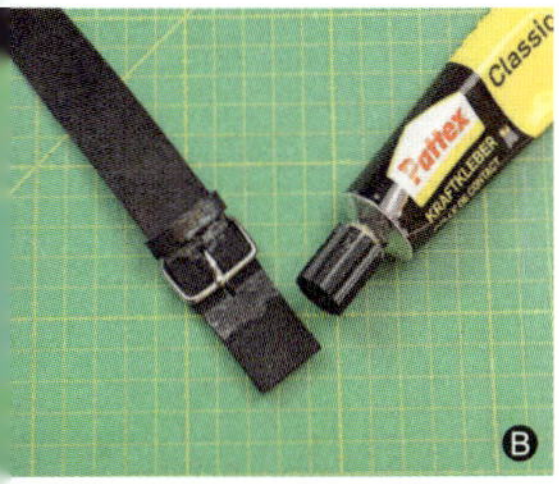

1 Teile wie angegeben zuschneiden und die Markierungen übertragen.

2 Das Stoffteil an der unteren Kante zweimal 1 cm nach rechts umschlagen, heften und knappkantig mit Zickzackstich feststeppen.

3 Den unteren Bereich am Bodenfalz nach innen (linke Seite) umklappen. Dann die Seiten fortlaufend (inkl. Umschlag) zweimal 1 cm nach innen umschlagen und knappkantig mit Zickzackstich feststeppen.

4 Erst die schrägen Kanten, dann die obere doppelt nach innen umschlagen, fortlaufend knappkantig mit Zickzackstich feststeppen.

5 Den umgeklappten Bereich in beliebig breite Taschen einteilen, mit Kreide markieren. Längslinien mit Geradstich nachsteppen, Nahtanfang und -ende jeweils sorgfältig mit Rückstichen sichern.

6 Den kleinen Riemen zu einem Ring kleben. Den großen Riemen 2 cm von einem Ende lochen, dann abrunden (siehe Seite 24) (A). Am anderen Ende in 4 cm Abstand eine Quermarkierung anzeichnen und längs mittig dazu einen 0,3 cm x 1,2 cm großen Schlitz für den Dorn einschneiden. Riemen, Ring und Rollschnalle wie auf Seite 27 beschrieben zu einem Schnallenstück verarbeiten, aber nur im Bereich des Rings verkleben, sodass das Riemenende noch offen ist (B).

7 Das Schnallenstück 9,5 cm von unten an die linke Kante des Stoffteils – von innen betrachtet – anlegen (zwischenfassen bis zum Ring) und die Lochung mittig auf dem Riemen anzeichnen (C). Erst den Riemen lochen, dann diesen erneut an der Stoffkante anlegen und die Lochposition auf den Saum übertragen (D). Stoffteil lochen und Riemen mit Buchschraube anbringen (E). Der Riemen kann mit Quernähten verstärkt werden.

Kleine Aufnäher wie ein Label, das von einer alten Jeans abgetrennt wurde, geben der Werkzeugrolle den letzten Schliff.

Kamin | holz | korb

SCHWIERIGKEITSGRAD 1

Es muss nicht immer Flechtwerk sein – auch ein Korb aus Stoff bewahrt Kaminholz sauber und formschön auf. In der kleinen Tasche sind Anzünder oder Streichhölzer stets griffbereit.

Größe
Höhe 20 cm, Breite 45 cm, Tiefe 35 cm

Material
schwerer Canvas in Schwarz, 100 cm x 140 cm
Nappaleder in Natur (ca. 1,5 mm stark) oder
2 stärkere Lederriemen (à 3 cm x 24 cm)
8 Buchschrauben
16 Bügelpunkte oder Quadrate (à 2 cm x 2 cm)
aus Bügelvlies
Nähgarn, farblich passend
extrastarkes Nähgarn in Beige
Nähmaschinennadel für Leder

Nähte mit Lederteilen mit der Ledernadel nähen!

Schnittteile (siehe Schemazeichnung)
Canvas:
4 x Korpusteil, 22 cm x 80 cm
2 x Bodenteil, 37 cm x 47 cm, Ecken abrunden
1 x Tasche, 16 cm x 18 cm, Ecken abrunden

Zeichnen Sie die Schnittteile erst rechteckig auf den Stoff und dann mithilfe der Schablone (siehe Seite 60) die Rundungen an.

Nappaleder:
4 x Tragegriff, 3 cm x 24 cm

TIPP

Wenn Sie dünneren Canvas verwenden und dennoch einen standfesten Korb nähen möchten, sollten Sie die Außenteile mit fester, aufbügelbarer Vlies- oder Schabrackeneinlage verstärken. Die NZG liegen später innen verdeckt, deshalb ist ein Versäubern der Kanten nur bei stark ausfransenden Stoffen nötig.

Schnitt

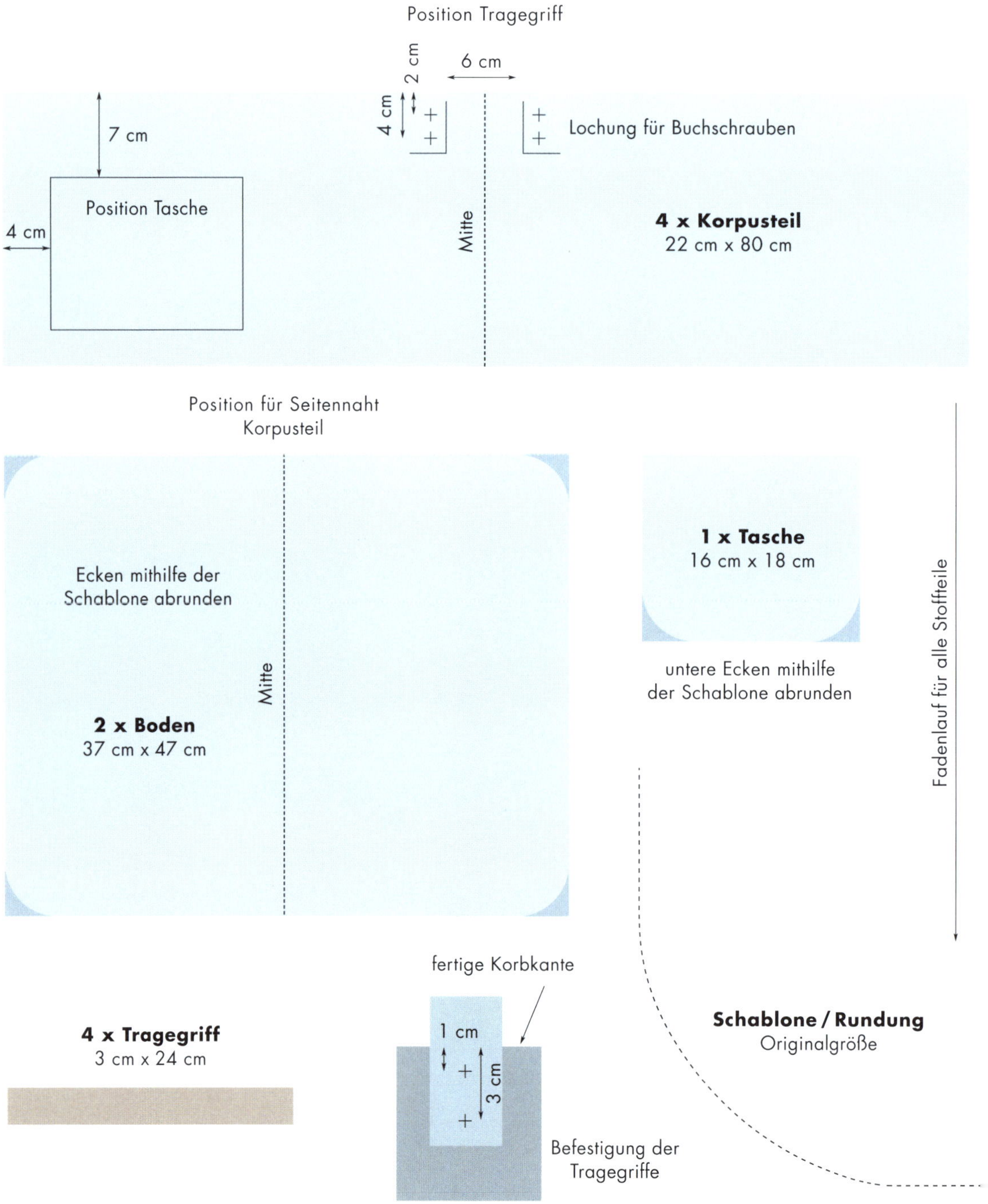
Position Tragegriff
2 cm
6 cm
4 cm
7 cm
Lochung für Buchschrauben
Position Tasche
4 cm
Mitte
4 x Korpusteil
22 cm x 80 cm
Position für Seitennaht
Korpusteil
Ecken mithilfe der
Schablone abrunden
Mitte
2 x Boden
37 cm x 47 cm
1 x Tasche
16 cm x 18 cm
untere Ecken mithilfe
der Schablone abrunden
Fadenlauf für alle Stoffteile
fertige Korbkante
4 x Tragegriff
3 cm x 24 cm
1 cm
3 cm
Befestigung der
Tragegriffe
Schablone / Rundung
Originalgröße

teile

Nahtzugaben
Die Schnittteile enthalten bereits alle erforderlichen NZG. Wenn nicht anders angegeben, beträgt die NZG beim Nähen 1 cm.

Info
Alle Ziernähte werden bei diesem Korb mit dem extrastarken kontrastfarbenen Garn doppelt abgesteppt – erst knappkantig und dann füßchenbreit.

Anleitung

1 Alle Teile wie angegeben zuschneiden und die Markierungen übertragen. An den Positionen für die Lochungen linksseitig die Bügelpunkte/ Vliespunkte aufbügeln.

2 Am Taschenteil die obere Kante 3 cm nach links bügeln, davon die NZG (1 cm) einschlagen und doppelt mit Kontrastgarn feststeppen. Die restlichen NZG nach links bügeln, an den Rundungen gegebenenfalls vorheften. Die Tasche auf ein (äußeres) Korpusteil heften und doppelt mit Kontrastgarn feststeppen.

Anleitung

3 Das Korpusteil (mit Tasche) mit einem zweiten Korpusteil an den kurzen Seiten r-a-r zum Ring zusammenstecken und -nähen. Die NZG auseinanderbügeln, beidseitig der Naht mit Kontrastgarn jeweils füßchenbreit absteppen.

4 Den Stoffring r-a-r so an ein Bodenteil heften, dass die Seitennähte jeweils auf die Mitte der längeren Bodenseiten (siehe Seite 60) und die halben Strecken dazwischen auf die Mitte der kurzen Bodenseiten treffen. Den Ring festnähen.

5 Die anderen beiden Korpusteile (für die Innenseite) an den kurzen Seiten r-a-r zum Ring zusammenstecken und -nähen. Die NZG auseinanderbügeln und feststeppen: entweder mittig auf der Naht mit einem breiten (dreigeteilten, falls verfügbar) Zickzackstich oder einer anderen breiten Ziernaht oder beidseitig der Naht mit Geradstich.

6 Den inneren Stoffring wie bei Schritt 4 an den Innenboden nähen.

7 Außen- und Innenteil r-a-r ineinanderschieben und an der oberen Kante exakt zusammenstecken, darauf achten, dass die Seitennähte aufeinandertreffen. Die Teile oben bis auf eine 20 cm große Wendeöffnung zusammennähen. Dann Innen- und Außenteil auseinanderziehen und die NZG auseinanderbügeln. Den Korb nach rechts wenden und die Teile l-a-l ineinanderziehen.

8 Die obere Kante sorgfältig bügeln und heften. Dann rundherum von rechts doppelt mit Kontrastgarn absteppen.

9 Je zwei Tragegriffteile aufeinandernähen (siehe Seite 24–25) und markierungsgemäß mit den Buchschrauben am Korb befestigen.

Lenker | tasche

SCHWIERIGKEITSGRAD 3

Praktisch und trendy: Ob als Fahrrad- oder als Umhängetasche, dieses Modell ist dank des gewachsten Baumwollstoffs sehr robust und ideal für den Alltag geeignet.

Größe
Höhe 18 cm, Breite 24 cm, Tiefe 7 cm

Material
gewachste Baumwolle / Dry Oilskin in Indigo, 50 cm x 140 cm
Nappaleder in Dunkelbraun (ca. 1,5 mm stark), Maß siehe Zuschnitt
62 cm Schrägband (16 mm breit, fertig vorgefalzt oder aus Grundware selbst gefertigt), farblich passend
4 Buchschrauben
1 Rollschnalle (2,5 cm Innenmaß)
2 Vierkantringe (2,5 cm Innenmaß)
1 D-Ring (2,5 cm Innenmaß)
4 Bügelpunkte oder Quadrate (à 2 cm x 2 cm) aus Bügelvlies
Nähgarn, farblich passend

3 fertige Schnallenriemen (15 cm lang) oder Klettriemen (zur Befestigung an Lenker und Lenkstange)
Nähmaschinennadel für Leder
Nähte mit Lederteilen mit der Ledernadel nähen!

Schulterriemen
Wenn Sie die Lenkertasche auch als Umhängetasche tragen möchten, benötigen Sie:
Lederriemen (3 mm stark) in Dunkelbraun, 2,5 cm x 130 cm
2 Buchschrauben
2 Taschenkarabiner (2,5 cm Innenmaß)
Alleskleber oder Lederkleber

Den Schulterriemen fertigen wie auf Seite 29 beschrieben.

Schnittteile (siehe Schemazeichnung)
gewachste Baumwolle / Dry Oilskin:
2 x Korpusteil, 45 cm x 26 cm
4 x Seitenteil (siehe Schemazeichnung)
1 x Klappe (siehe Schemazeichnung), auf 125 % vergrößern
1 x Außentasche, 16 cm x 26 cm
1 x Innentasche, 17 cm x 13 cm

TIPP

Schnallenriemen und Klettriemen können Sie auch selbst fertigen (siehe Seite 31). Für die Lederteile lässt sich auch ein fertiger Riemen verwenden, er darf jedoch nur so dick sein, dass er sich doppellagig noch gut vernähen lässt. Die NZG liegen später innen verdeckt, deshalb ist ein Versäubern der Kanten nur bei stark ausfransenden Stoffen nötig.

Dieser Schnitt steht in Originalgröße zum Download bereit: www.haupt.ch/festestoffe/

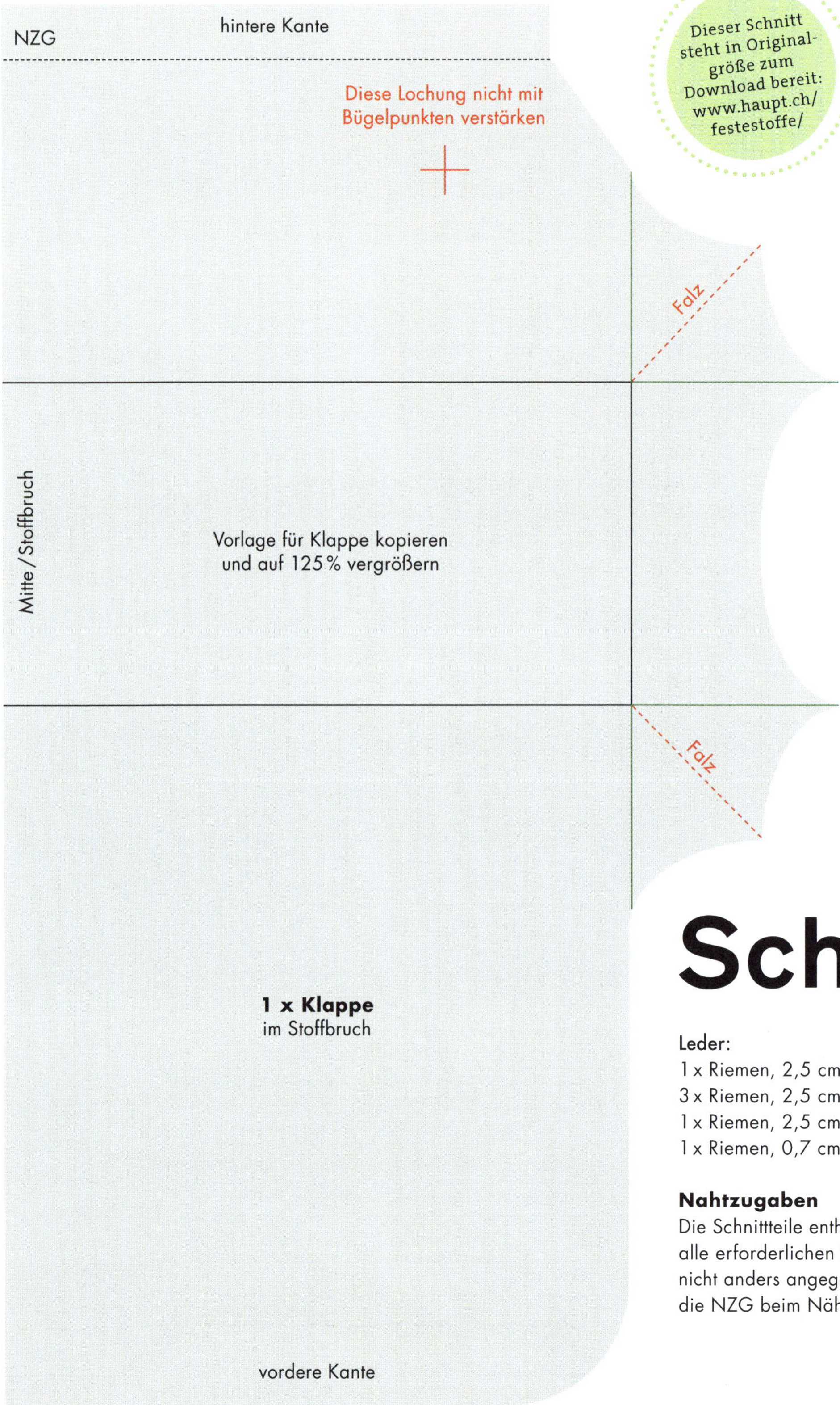

Schnit

Leder:
1 x Riemen, 2,5 cm x 44 cm
3 x Riemen, 2,5 cm x 8 cm
1 x Riemen, 2,5 cm x 6 cm
1 x Riemen, 0,7 cm x 7,5 cm

Nahtzugaben
Die Schnittteile enthalten bereits alle erforderlichen NZG. Wenn nicht anders angegeben, beträgt die NZG beim Nähen 1 cm.

2 x Korpusteil
45 cm x 26 cm

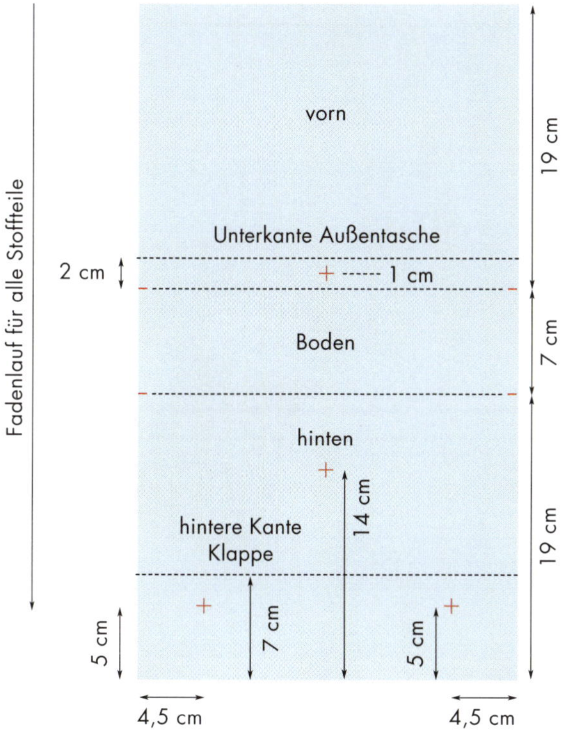

1 x Außentasche
16 cm x 26 cm

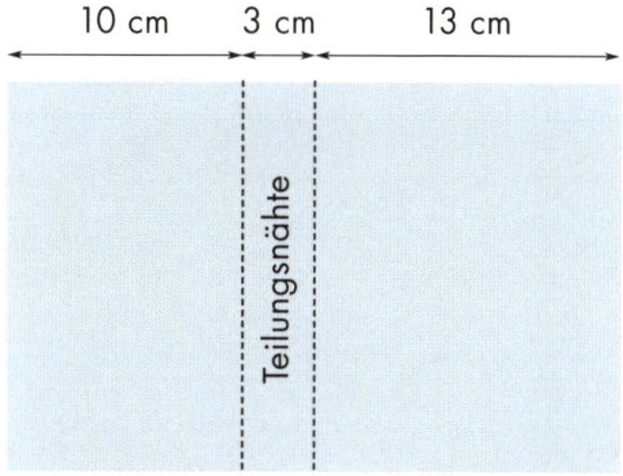

+ = Lochungen (nur äußeres Korpusteil)
– = 7 mm Knipse

1 x Innentasche
17 cm x 13 cm

4 x Seitenteil

eile

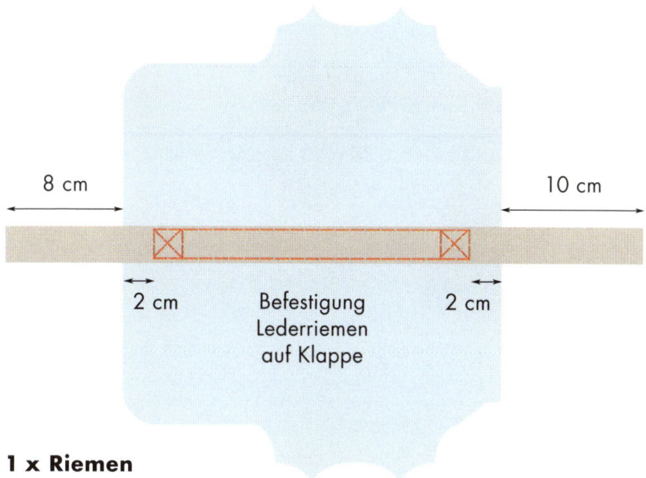

1 x Riemen
2,5 cm x 6 cm

3 x Riemen
2,5 cm x 8 cm

1 x Riemen
0,7 cm x 7,5 cm

1 x Riemen 2,5 cm x 44 cm

A

B

C

D

E

TIPP

Zum Fixieren der Riemen auf dem Stoff ist wasserlösliches Stoffklebeband hilfreich. Allerdings darf nicht direkt darübergenäht werden, weil sonst die Nadel verklebt.

Anleitung

1 Alle Teile zuschneiden und die Markierungen übertragen. An den Positionen für die Lochungen am äußeren Korpusteil linksseitig die Bügelpunkte aufbügeln.

2 Den 44 cm langen Riemen mittig auf die Klappe heften. Die Enden an der vorderen Kante 8 cm, an der hinteren 10 cm überstehen lassen (siehe Seite 67). Riemen bis 2 cm vor dem Klappenrand knappkantig feststeppen, an den Enden ein Quadrat und über Kreuz nähen.

3 Die vier Abnäher (siehe Seite 66) an der Klappe jeweils an der Falzlinie in den Bruch falten (rechte Seite innen), sodass die grün markierten Nahtlinien aufeinandertreffen. Dazu am besten die Abnäher an allen Markierungen vorfalzen. Die Eckabnäher heften und nähen (A).

4 Die Ecken ausformen, die Abnäher nach innen klappen und an der Rundung innerhalb der NZG feststeppen (B).

5 Die Stoffkante direkt neben den Abnähern ca. 7 mm einschneiden (B). Die seitliche und die vordere Klappenkante mit Schrägband einfassen (siehe Seite 34). Dabei die Bandenden beidseitig ca. 1 cm überstehen lassen. Beim Nähen darauf achten, dass keine Falten entstehen und der Riemen nicht mitgefasst wird. Zum Schluss die überstehenden Bandenden bündig zur hinteren Kante abschneiden.

6 An der Außentasche die obere Kante doppelt (je 1 cm) nach rechts einschlagen und knappkantig mit Zickzack- oder Geradstich feststeppen. Die untere Kante 1 cm nach links falten. Die Außentasche markierungsgemäß auf ein Korpusteil (für außen) heften, unten und innerhalb der seitlichen NZG knappkantig feststeppen. Die Längsteilungsnähte steppen, Nahtanfang und -ende gut sichern.

7 Einen der 8 cm langen Riemen um einen Vierkantring legen (rechte Seite innen), an den Enden zusammennähen. Die NZG auf 0,5 cm zurückschneiden, Schlaufe nach rechts wenden. Den Vierkantring zwischen die NZG schieben und die Schlaufe möglichst dicht am Ring abnähen (oder kleben) (C). Dann 0,5 cm unterhalb der Naht mittig ein Loch stanzen. Ein weiteres Riementeil auf diese Weise anfertigen.

8 Aus dem dritten 8 cm langen Riemen, dem ganz kleinen Riemen und der Rollschnalle (2,5 cm Innenmaß) wie auf Seite 26 beschrieben ein Schnallenstück fertigen. In dieses 1 cm vom unteren Ende mittig ein Loch stanzen (D).

9 Den 6 cm langen Riemen (mit den Enden bündig) um den D-Ring legen, möglichst dicht am Ring absteppen (E).

10 Die Klappe an der hinteren Kante 1 cm nach links umschlagen und (nach unten zeigend) markierungsgemäß auf das äußere Korpusteil heften, dabei den Riemen nach oben wegklappen.

Die Klappe hinten erst knappkantig (mit hochgeklapptem Riemen), dann füßchenbreit feststeppen (mit heruntergeklapptem Riemen).

11 Am langen Riemen mittig und 4 cm vom unteren Ende ein Loch stanzen, es sollte mittig über dem Bügelpunkt am Korpusteil liegen (gegebenenfalls die Lochung verschieben). Den Riemen flach und mittig auf den hinteren Bereich des Korpusteils legen, die Lochung dort anzeichnen und stanzen. Den Riemen wieder flachlegen und am Ende im Quadrat und über Kreuz feststeppen. An der Lochung den Riemen mit einer Buchschraube am Korpusteil fixieren.

12 Ein Loch markierungsgemäß am äußeren Korpusteil (vorderer Bereich) stanzen und das Schnallenstück mit einer Buchschraube anbringen.

13 An der Klappe inklusive Korpusteil beidseitig Löcher markierungsgemäß ausstanzen. Die beiden Vierkantringlaschen mit Buchschrauben anbringen (siehe Abbildung F mit fertigem äußerem Korpusteil).

14 Die äußeren Seitenteile r-a-r an das äußere Korpusteil nähen: Dafür zunächst eine Seite kantenbündig bis zum Knips am Korpusteil festheften. Diese Strecke genau bis zum Knips nähen (das Seitenteil liegt oben), an den Ecken vorgehen wie auf Seite 35 beschrieben, dann weiternähen bis zur oberen Kante. Oben die ersten 2 cm NZG auseinanderfalzen, die restlichen auf 5 mm zurückschneiden.

15 An der Innentasche die obere Kante doppelt (je 1 cm) nach links einschlagen und festheften. Knappkantig mit Zickzack- oder Geradstich feststeppen. Die Seiten und die untere Kante 1 cm nach links falten. Die Innentasche mittig und direkt über dem Bodenfalz auf das innere Korpusteil (hinterer Bereich) heften und knappkantig feststeppen.

16 Die inneren Seitenteile wie bei Schritt 14 beschrieben an das innere Korpusteil steppen. Die NZG genauso zurückschneiden.

17 Das äußere Korpusteil nach links wenden und die Klappe nach unten legen. Das innere Korpusteil r-a-r in das äußere ziehen. Die Teile an der oberen Kante zusammenstecken und bis auf eine 10 cm große Wendeöffnung in der hinteren Mitte zusammennähen. Die NZG auseinanderfalzen. Die Korpusteile durch die Öffnung nach rechts wenden und l-a-l ineinanderziehen. Die obere Kante ausformen und abheften, dabei die Schlaufe mit dem D-Ring mittig in die Wendeöffnung stecken und festheften. Die obere Kante schmal sowie füßchenbreit absteppen (Öffnung und Schlaufe wird mitgefasst).

18 Die Tasche schließen und die Länge des Riemens prüfen. Diesen gegebenenfalls kürzen und an der Spitze in Form schneiden. Vier Löcher mit 1,5 cm Abstand zueinander in den Riemen stanzen.

Die Tasche mit den Schnallenriemen am Fahrradlenker befestigen, diese durch die Vierkantringe führen und mithilfe der Schnallen fixieren (G).

Der Schnitt eignet sich auch für eine tolle Umhängetasche, dafür einfach einen Trageriemen aus Leder oder aus Gurtband an den Seitenteilen anbringen.

Fahrradtasche

SCHWIERIGKEITSGRAD 2

Unentbehrlich für Radfahrer: eine praktische Tasche aus wetterfestem gewachstem Canvas. Mit Klett- und Lederriemen am Rad befestigt, ist die Tasche schnell abnehmbar. Fertigt man noch einen Schultergurt dazu, kann sie auch umgehängt werden.

Größe
Höhe 35 cm, Breite 25 cm, Tiefe 14 cm
aufgeklappt und flach zusammengelegt:
45 cm hoch und 39 cm breit

Material
schwerer gewachster Canvas in Graublau,
120 cm x 140 cm
Das Seitenteil kann auch quer zum Fadenlauf zugeschnitten werden, dann genügen 80 cm Stoff, oder aus zwei Stücken zusammengesetzt werden, dann reichen 65 cm.
Leder (ca. 2 mm stark), Maß siehe Zuschnitt
27 cm Gurtband (2,5 cm breit)
3 Buchschrauben
1 Rollschnalle (2,5 cm Innenmaß)
2 D-Ringe (2,5 cm Innenmaß)
5 Bügelpunkte oder Quadrate (à 2 cm x 2 cm) aus Bügelvlies
2,40 m Schrägband (2,5 cm breit, vorgefalzt) oder Fischgrätband
Nähgarn, farblich passend
Nähmaschinennadel für Leder

Zur Verstärkung der Rückseite:
Platte aus Plexiglas, Kunststoff oder Pappe 44 cm x 31 cm

Für die Befestigung am Gepäckträger:
2 fertige Schnallenriemen (15 cm lang) oder 2 Klettriemen (siehe Seite 31)

Für die Befestigung an der Sattelstrebe:
1 fertiger Klettriemen

Nähte mit Lederteilen mit der Ledernadel nähen!

Schultergurt
Wenn Sie die Fahrradtasche auch als Umhängetasche tragen möchten, benötigen Sie:
2 m Gurtband (4 cm breit)
2 Taschenkarabiner (4 cm Innenmaß)
1 Leiterschnalle (4 cm Innenmaß)

Den Gurt nähen wie auf Seite 28 beschrieben.

TIPP

Sie können die Lederteile auch von einem fertigen Riemen abschneiden, dieser sollte doppellagig noch gut vernäht werden können. Das Schlitzteil wird am rückwärtigen Korpusteil festgenäht, damit der Klettriemen, der an der Sattelstrebe befestigt wird, hindurchgezogen und verstellt werden kann. Sie können das Schlitzteil ersetzen, indem Sie ein paar Längsschlaufen (z. B. aus 1,5 cm breitem Gurtband) nebeneinander auf das Korpusteil aufnähen.

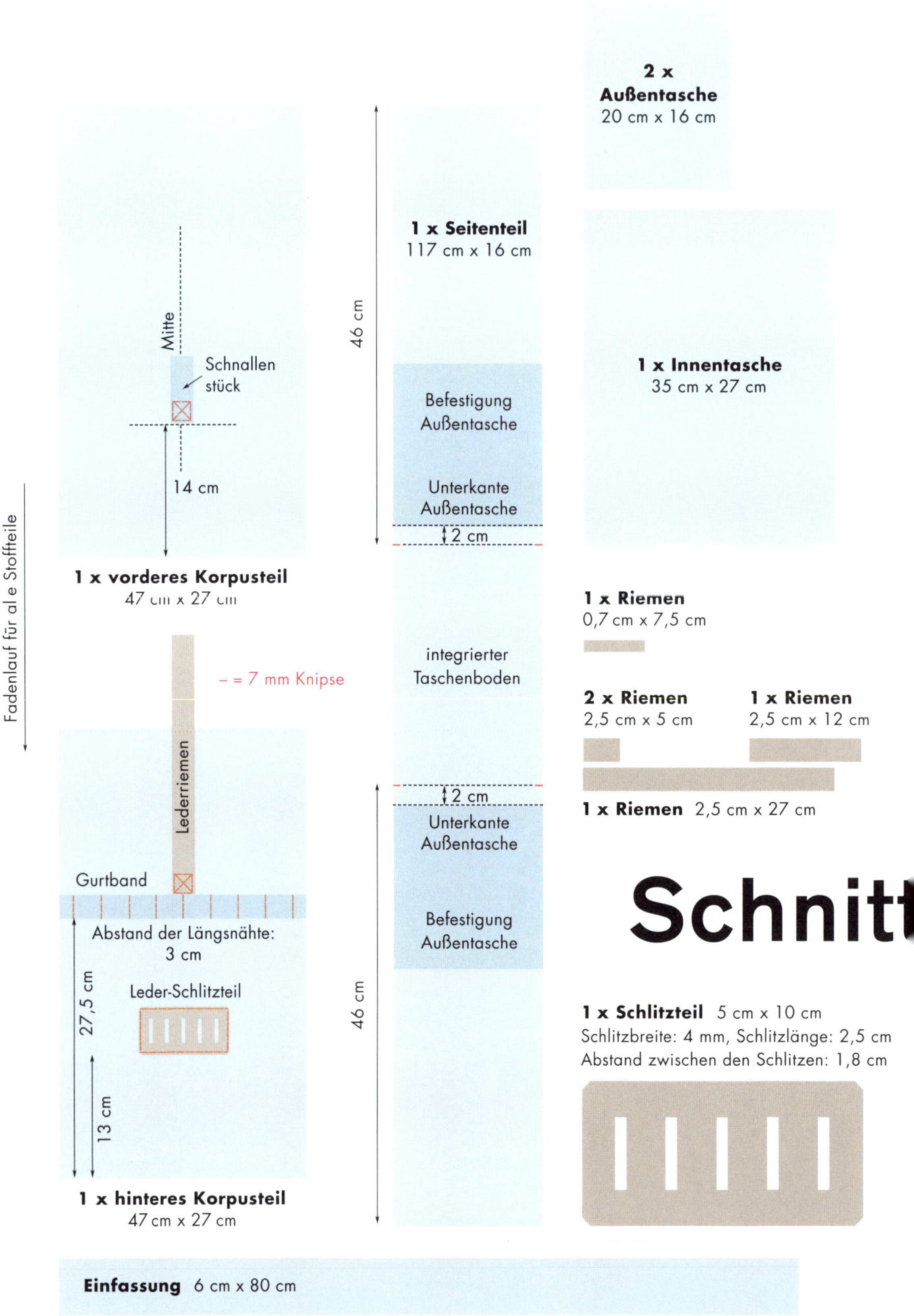
2 x Außentasche 20 cm x 16 cm
1 x Seitenteil 117 cm x 16 cm
46 cm
Mitte
Schnallen stück
14 cm
Befestigung Außentasche
Unterkante Außentasche
2 cm
1 x Innentasche 35 cm x 27 cm
Fadenlauf für al e Stoffteile
1 x vorderes Korpusteil 47 cm x 27 cm
1 x Riemen 0,7 cm x 7,5 cm
– = 7 mm Knipse
integrierter Taschenboden
2 x Riemen 2,5 cm x 5 cm
1 x Riemen 2,5 cm x 12 cm
Lederriemen
2 cm
Unterkante Außentasche
1 x Riemen 2,5 cm x 27 cm
Gurtband
Schnitt
Befestigung Außentasche
Abstand der Längsnähte: 3 cm
27,5 cm
Leder-Schlitzteil
46 cm
1 x Schlitzteil 5 cm x 10 cm
Schlitzbreite: 4 mm, Schlitzlänge: 2,5 cm
Abstand zwischen den Schlitzen: 1,8 cm
13 cm
1 x hinteres Korpusteil 47 cm x 27 cm
Einfassung 6 cm x 80 cm

Schnittteile (siehe Schemazeichnung)
Canvas:
2 x Korpusteil, 47 cm x 27 cm
1 x Seitenteil, 117 cm x 16 cm
1 x Innentasche, 35 cm x 27 cm
2 x Außentasche, 20 cm x 16 cm
1 x Einfassung, 6 cm x 80 cm

Leder:
1 x Schlitzteil, 5 cm x 10 cm
1 x Riemen, 2,5 cm x 27 cm
2 x Riemen, 2,5 cm x 5 cm
1 x Riemen, 2,5 cm x 12 cm
1 x Riemen, 0,7 cm x 7,5 cm

Nahtzugaben
Die Schnittteile enthalten bereits alle erforderlichen NZG. Wenn nicht anders angegeben, beträgt die NZG beim Nähen 1 cm.

Anleitung

1 Alle Teile wie angegeben zuschneiden und die Markierungen übertragen. Die Enden des Gurtbands versäubern oder vorsichtig mit einem Feuerzeug verschmelzen (bei Kunstfaserband).

2 Den 27 cm langen Riemen, das Gurtband und das Schlitzteil auf dem hinteren Korpusteil feststeppen (siehe Schemazeichnung).

3 Aus dem 12 cm langen Riemen, dem kleinen Riemen und der Rollschnalle ein 7 cm langes Schnallenstück anfertigen (siehe Seite 26). Die Buchschraube noch nicht anbringen. Das Schnallenstück auf das vordere Korpusteil legen (siehe Schemazeichnung) und die Lochposition darauf übertragen. Von links einen Vliespunkt aufbügeln, dann das Loch stanzen. Das Schnallenstück am vorderen Korpusteil im Quadrat und über Kreuz feststeppen und zusätzlich mit der Buchschraube befestigen.

4 Die Außentaschen an der oberen Kante doppelt (je 1 cm) nach links einschlagen, Umschlag heften und knappkantig mit Zickzack- oder Geradstich feststeppen. Tasche an der unteren Kante 1 cm nach links falten. Die Außentaschen markierungsgemäß (siehe Schemazeichnung) auf das Seitenteil heften, an der unteren Kante und innerhalb der seitlichen NZG knappkantig feststeppen.

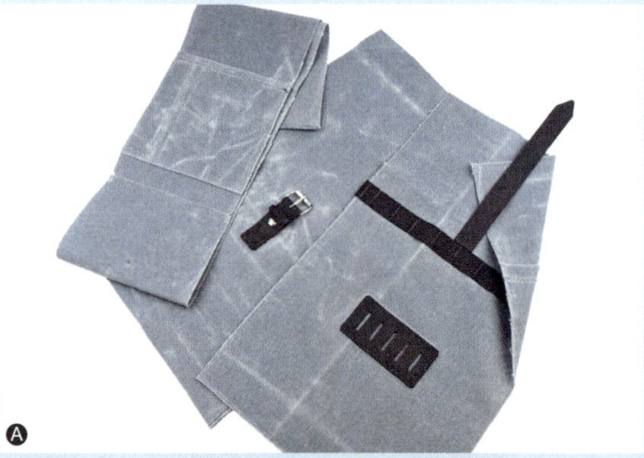

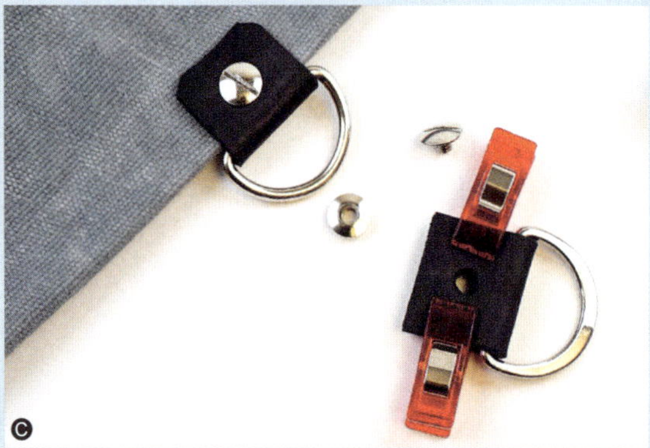

Einen praktischen Tragegriff können Sie leicht selbst herstellen: dafür 34 cm Gurtband (2,5 cm breit) verwenden, die Enden versäubern. An jedes Ende einen kleinen quadratischen Klettverschluss nähen, dabei das Hakenteil jeweils direkt an das Ende setzen, mit 6 cm Abstand dazu das Flauschteil aufnähen. Das Band durch die Gurtschlaufen an der Tasche ziehen und festkletten.

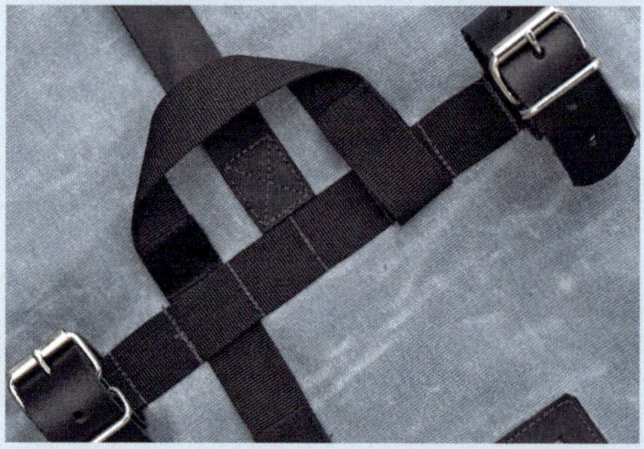

5 Die Innentasche an der oberen Kante doppelt (je 1 cm) nach links einschlagen, Umschlag heften und knappkantig mit Zickzack- oder Geradstich feststeppen. Die Innentasche l-a-l und bündig mit der unteren und den seitlichen Kanten an das hintere Korpusteil heften und innerhalb der NZG feststeppen. Auf Foto A sind die fertig vorbereiteten Taschenteile zu sehen.

6 Das vordere Korpusteil r-a-r an einer Seite kantenbündig bis zum ersten Knips an das Seitenteil heften. Dann diese Strecke nähen (das Seitenteil liegt oben), an den Ecken verfahren wie auf Seite 35 beschrieben, weiternähen bis zur oberen Kante, Naht gut verriegeln. An den Ecken kleine Quernähte zur Verstärkung mehrfach hin- und hersteppen (B). Die NZG an den Ecken schräg zurückschneiden.

7 Die NZG mit Schrägband versäubern (siehe Seite 34).

8 Das Seitenteil an der anderen Seite wie bei Schritt 6 beschrieben r-a-r an das hintere Korpusteil nähen. Die Innentasche wird dabei mitgefasst. Alle NZG mit Schrägband versäubern.

9 Den Einfassungsstreifen an den kurzen Kanten r-a-r zu einem Ring zusammennähen. Die NZG auseinanderfalzen. Den Streifen r-a-l bündig an die obere Taschenkante heften, die Naht trifft auf die vordere Mitte. Streifen festnähen, dann die NZG nach oben falzen.

10 Den Streifen um die obere Taschenkante nach rechts klappen und an seiner offenen Kante 1 cm nach innen falten. Die Einfassung so festheften, dass die Ansatznaht überdeckt wird, die seitlichen NZG in Richtung Seitenteile legen. Streifen knappkantig mit Zickzack- oder Geradstich feststeppen.

11 Für die Laschen die 5 cm langen Riemen jeweils kantenbündig um einen D-Ring legen. Jeweils mittig ein Loch stanzen (C).

12 Die Seitenteile oben jeweils mittig falzen, von dort 11,5 cm nach beiden Seiten messen und Markierungen setzen. Dort die Laschen mit den D-Ringen jeweils mittig um die Kante legen und die Lochposition auf die Tasche übertragen. Die markierten Stellen linksseitig mit Bügelpunkten verstärken, dann lochen. Die Laschen mit den Buchschrauben an der Tasche befestigen.

13 Die Tasche oben umklappen und die Länge des Riemens prüfen. Diesen gegebenenfalls kürzen und an der Spitze dreieckig in Form schneiden. Sechs bis sieben Löcher mit einem Abstand von 2 cm zueinander in den Riemen stanzen.

14 Die Verstärkungsplatte in die Innentasche schieben.

Die Tasche mit den Leder- und/oder Klettriemen am Fahrrad befestigen.

Kamin | holz | träger

SCHWIERIGKEITSGRAD 1

Wie bringt man das Kaminholz am einfachsten zum Ofen? Am besten mit einem selbst genähten Stoffträger, der sich klein zusammenrollen und verstauen lässt, wenn er nicht gebraucht wird – so steht kein großer Korb im Weg.

Größe
Länge 100 cm, Breite 35 cm

Material
schwere gewachste Baumwolle in Olivgrün, 80 cm x 140 cm
3,20 m Gurtband (4 cm breit)
Nappaleder in Natur (1,5 mm stark), Maß siehe Schnittteile
2 D-Ringe (2,5 cm Innenmaß)
1 Buchschraube
extrastarkes Nähgarn in Beige
Nähmaschinennadel für Leder

Nähte mit Lederteilen mit der Ledernadel nähen!

TIPP

Sie können die Lederteile (bis auf das Rechteck) auch von einem fertigen Riemen abschneiden. Ist das Leder zu dick zum Aufnähen, befestigen Sie die Teile mit Kleber und je zwei Buchschrauben am Stoff. Das große Rechteck aus Leder deckt die Stoßkante des Trageriemens ab, alternativ können Sie dafür auch ein kleines Stoffstück verwenden.

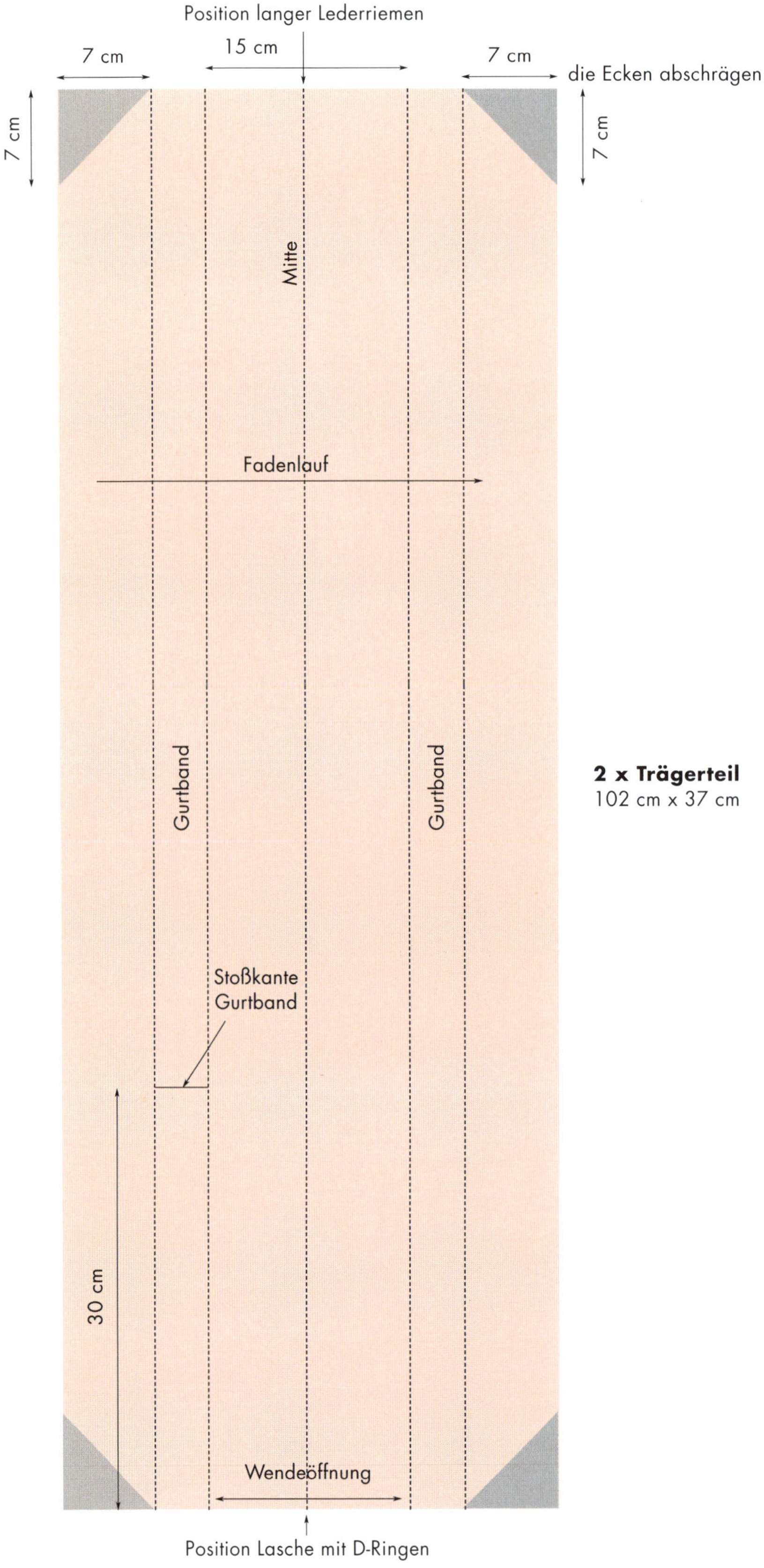

2 x Trägerteil
102 cm x 37 cm

Schnittteile
(siehe Schemazeichnung)

gewachste Baumwolle:
2 x Trägerteil, 102 cm x 37 cm
Zeichnen Sie die Teile erst rechteckig auf den Stoff und schrägen Sie dann mithilfe eines Lineals die Ecken ab.

Nappaleder:
1 x Riemen, 2,5 cm x 38 cm
1 x Riemen, 2,5 cm x 17 cm
4 x Gurtverstärkung, 2,5 cm x 4 cm
1 x Stoßabdeckung, 4 cm x 6 cm

Nahtzugaben

Die Schnittteile enthalten bereits alle erforderlichen NZG. Wenn nicht anders angegeben, beträgt die NZG beim Nähen 1 cm.

Schnittteile

1 x Riemen 2,5 cm x 38 cm

1 x Riemen 2,5 cm x 17 cm

1 x Stoßabdeckung 4 cm x 6 cm

4 x Gurtverstärkung 2,5 cm x 4 cm

Anleitung

1 Alle Teile wie angegeben zuschneiden und die Markierungen übertragen. Die Enden des Gurtbands versäubern oder vorsichtig mit einem Feuerzeug verschmelzen (bei Kunstfaserband).

2 Die zwei Trägerteile r-a-r bündig aufeinanderlegen. Den 38 cm langen Riemen mittig an einer kurzen Seite so zwischen die Lagen legen, dass er nach innen zeigt und an der Stoffkante 3 cm hinausragt. Die Teile heften und bis auf die eingezeichnete 14 cm große Wendeöffnung zusammennähen. Die NZG auseinanderfalzen und an den Ecken abschrägen. Das Teil durch die Öffnung nach rechts wenden. Die Kanten und Ecken ausformen und glatt falzen. Die NZG an der Öffnung einschlagen und gleichmäßig zusammenheften. Das Teil knappkantig sowie füßchenbreit absteppen, dabei wird die Öffnung geschlossen. Den Riemen zusätzlich im Rechteck und über Kreuz feststeppen (A).

3 Das Gurtband markierungsgemäß fortlaufend auf den Stoffträger heften, sodass sich an den kurzen Seiten 60 cm lange Trageschlaufen bilden. Die Bandenden 30 cm von einer kurzen Trägerseite stumpf aneinanderlegen (siehe Schemazeichnung). Das Gurtband an allen Kanten mit Zickzackstich festnähen.

4 Die vier Gurtverstärkungen aus Leder bündig zur Stoffkante knappkantig und über Kreuz wie abgebildet auf das Gurtband nähen (B).

5 Die Abdeckung aus Leder auf die Stoßstelle heften oder kleben. Knappkantig und über Kreuz feststeppen.

6 Am 17 cm langen Riemen von links beidseitig 5 cm markieren. Die zwei D-Ringe auffädeln, den Riemen mit etwas Kleber bestreichen, dabei die Mitte sowie die 5 cm an den Enden aussparen (C). Den Riemen zusammenklappen und fixieren (D). Mit einer quadratischen Naht und einer Buchschraube sichern (E). Die Lasche mittig so auf die kurze Trägerseite setzen, dass sie die Stoffkante umschließt, und mit Klammern oder Stoffklebeband fixieren. Dann durch alle Lagen knappkantig und über Kreuz feststeppen (F).

A

B

C

D

E

F

Shopper

SCHWIERIGKEITSGRAD 2

Dieser tolle Shoppingbegleiter mit vielen Außen- und Innentaschen ist einfach zu nähen. Durch die Taschengriffe und den Schulterriemen aus Leder wirkt er modern und leger.

Größe
Höhe 40 cm, Breite 35 cm, Tiefe 20 cm

Material
fester Möbelstoff aus Wolle in Blaugrau, 120 cm x 140 cm
Nappaleder (ca. 1,5 mm stark), Maß siehe Schnittteile
2 Taschenkarabiner (2,5 cm Innenmaß) in Silber
2 D-Ringe (4 cm Innenmaß)
20 cm Gurtband (4 cm breit), farblich passend
Nähgarn, farblich passend
extrastarkes Nähgarn in Gelb (zum Absteppen)
Nähmaschinennadel für Leder

Nähte mit Lederteilen mit der Ledernadel nähen!

Schnittteile (siehe Schemazeichnung)
Möbelstoff:
2 x Korpusteil, 42 cm x 47 cm
1 x Bodenteil, 12 cm x 37 cm
2 x Außentasche, 25 cm x 47 cm
1 x Innenfutter, 92 cm x 47 cm
1 x Innentasche, 22 cm x 32 cm

Nappaleder:
4 x Taschengriff, 3 cm x 32 cm
1 x Schulterriemen, 2,5 cm x 130 cm

Nahtzugaben
Die Schnittteile enthalten bereits alle erforderlichen NZG. Wenn nicht anders angegeben, beträgt die NZG beim Nähen 1 cm.

TIPP

Taschengriffe und Schulterriemen gibt es auch fertig zu kaufen. Sie sind meist vorgelocht, damit sie aufgenäht werden können. Man kann sie auch einfach mit Buchschrauben befestigen. Die NZG liegen später innen verdeckt, deshalb ist ein Versäubern der Kanten nur bei stark ausfransenden Stoffen nötig.

adidas
adidas

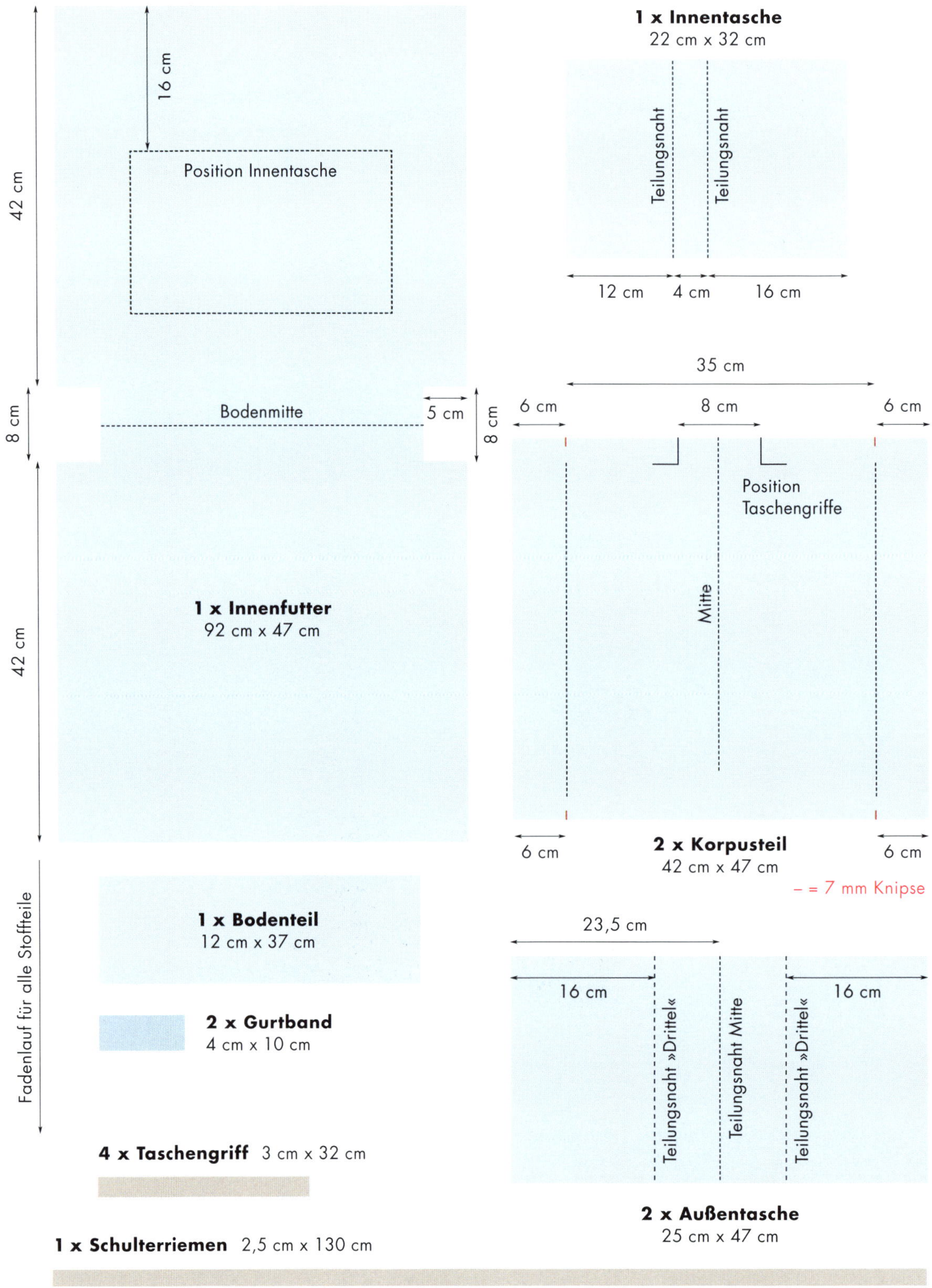
42 cm
16 cm
Position Innentasche
8 cm
Bodenmitte
5 cm
8 cm
42 cm
1 x Innenfutter
92 cm x 47 cm
1 x Innentasche
22 cm x 32 cm
Teilungsnaht
Teilungsnaht
12 cm
4 cm
16 cm
35 cm
6 cm
8 cm
6 cm
Position
Taschengriffe
Mitte
6 cm
6 cm
2 x Korpusteil
42 cm x 47 cm
– = 7 mm Knipse
Fadenlauf für alle Stoffteile
1 x Bodenteil
12 cm x 37 cm
2 x Gurtband
4 cm x 10 cm
23,5 cm
16 cm
16 cm
Teilungsnaht »Drittel«
Teilungsnaht Mitte
Teilungsnaht »Drittel«
2 x Außentasche
25 cm x 47 cm
4 x Taschengriff 3 cm x 32 cm
1 x Schulterriemen 2,5 cm x 130 cm

Schnittteile + Anleitung

1 Alle Teile wie angegeben zuschneiden und die Markierungen übertragen. Die Enden des Gurtbands versäubern oder vorsichtig mit einem Feuerzeug verschmelzen (bei Kunstfaserband).

2 Die Innentasche an der oberen Kante mit Zickzackstich versäubern, dann 3 cm nach links bügeln und Umschlag knappkantig sowie füßchenbreit feststeppen. Die NZG an den Seiten und der unteren Kante 1 cm nach links bügeln und die Tasche markierungsgemäß von rechts auf das Innenfutter heften. Knappkantig und füßchenbreit feststeppen. Die Teilungsnähte der Innentasche steppen.

3 Das Innenfutter quer mittig zusammenklappen (rechte Seite innen) und an den Seiten zusammenheften. Die Seitennähte schließen. Die NZG auseinanderbügeln und beidseitig füßchenbreit absteppen.

4 Das Innenfutter unten an den offenen Ecken so r-a-r falten, dass die Seitennaht jeweils auf die Bodenmitte trifft und die Kanten bündig liegen. Quernaht heften und schließen.

5 Die oberen Kanten an den Außentaschen versäubern, 3 cm nach links bügeln und Umschlag knappkantig sowie füßchenbreit feststeppen.

6 Die Außentaschen so auf die Korpusteile heften, dass sie an den Seiten und der unteren Kante bündig liegen. Innerhalb der NZG feststeppen. Teilungsnähte einzeichnen (z. B. eine Tasche hälftig, die andere in Drittel einteilen) und mit füßchenbreitem Abstand doppelt steppen.

A

7 Die Korpusteile bündig r-a-r aufeinanderlegen, an den Seitenkanten zusammenheften und -nähen. Die NZG auseinanderbügeln und beidseitig füßchenbreit absteppen.

8 Das Taschenteil nach links wenden und r-a-r so an das Bodenteil heften, dass die Knipse am seitlichen Bereich auf die Bodenecken treffen.

9 Den Boden r-a-r von der Taschenseite aus festnähen: dafür eine Seite des Taschenteils kantenbündig bis zum ersten Knips heften. Diese Strecke genau bis zum Knips bzw. bis in die erste Ecke des Bodens nähen, dort vorgehen wie auf Seite 35 beschrieben. Auf diese Weise den ganzen Boden festnähen. Die NZG an den Ecken schräg zurückschneiden und die Tasche nach rechts wenden.

10 Das Gurtband in zwei 10 cm lange Stücke schneiden; jeweils einen D-Ring auffädeln, die Enden jeweils bündig zusammennähen. Die Laschen r-a-r so an den Seitennähten (oben mittig) des Außenteils festheften, dass die D-Ringe nach unten zeigen und die Gurtenden 1 cm über die Taschenkante ragen. Die Gurtenden innerhalb der NZG festnähen (A).

11 Das Außenteil und das Futterteil r-a-r ineinanderschieben und an der oberen Kante zusammenstecken, bis auf eine 20 cm große Wendeöffnung zusammennähen. Die Taschenteile auseinanderziehen und die NZG auseinanderbügeln. Die Tasche nach rechts wenden und das Innenfutter hineinschieben.

12 Die obere Kante sorgfältig bügeln, dabei die Öffnung einschlagen, rundherum abheften und knappkantig sowie 3 cm breit absteppen, dabei wird die Wendeöffnung geschlossen.

13 Aus den vier Lederriemen zwei Taschengriffe nähen (siehe Seite 25). Die Griffe markierungsgemäß an die obere Taschenkante heften. Knappkantig und über Kreuz feststeppen.

14 Aus dem langen Lederstreifen einen Schulterriemen mit Taschenkarabinern fertigen (siehe Seite 30); an den D-Ringen einhängen.

Gürteltaschen für Werkzeug

SCHWIERIGKEITSGRAD 1

Das perfekte Geschenk für Männer, die gern handwerklichen Hobbys frönen: Gürteltaschen, in denen Kleinteile und Werkzeug stets griffbereit sind.

Größe
25 cm x 22 cm

Material
Stoff 1: schwerer Canvas in Dunkelblau, 30 cm x 140 cm (pro Tasche)
Stoff 2: schwerer Canvas in Curry, 30 cm x 30 cm (Tasche ohne RV), 20 cm x 20 cm (Tasche mit RV)
Reißverschluss in Grau, 15 cm lang
Nähgarn, farblich passend
extrastarkes Nähgarn in Beige

Schnittteile/rechte Tasche ohne Reißverschluss
Stoff 1:
2 x Korpusteil, 27 cm x 22 cm
1 x schräge Tasche, groß (siehe Schemazeichnung)
1 x schräge Tasche, klein (siehe Schemazeichnung)

Stoff 2:
1 x Querschlaufe, 8 cm x 26 cm
3 x Gürtelschlaufe, 16 cm x 6 cm

Nahtzugaben
Die Schnittteile enthalten bereits alle erforderlichen NZG. Wenn nicht anders angegeben, beträgt die NZG beim Nähen 1 cm.

Schnittteile

RECHTE GÜRTELTASCHE

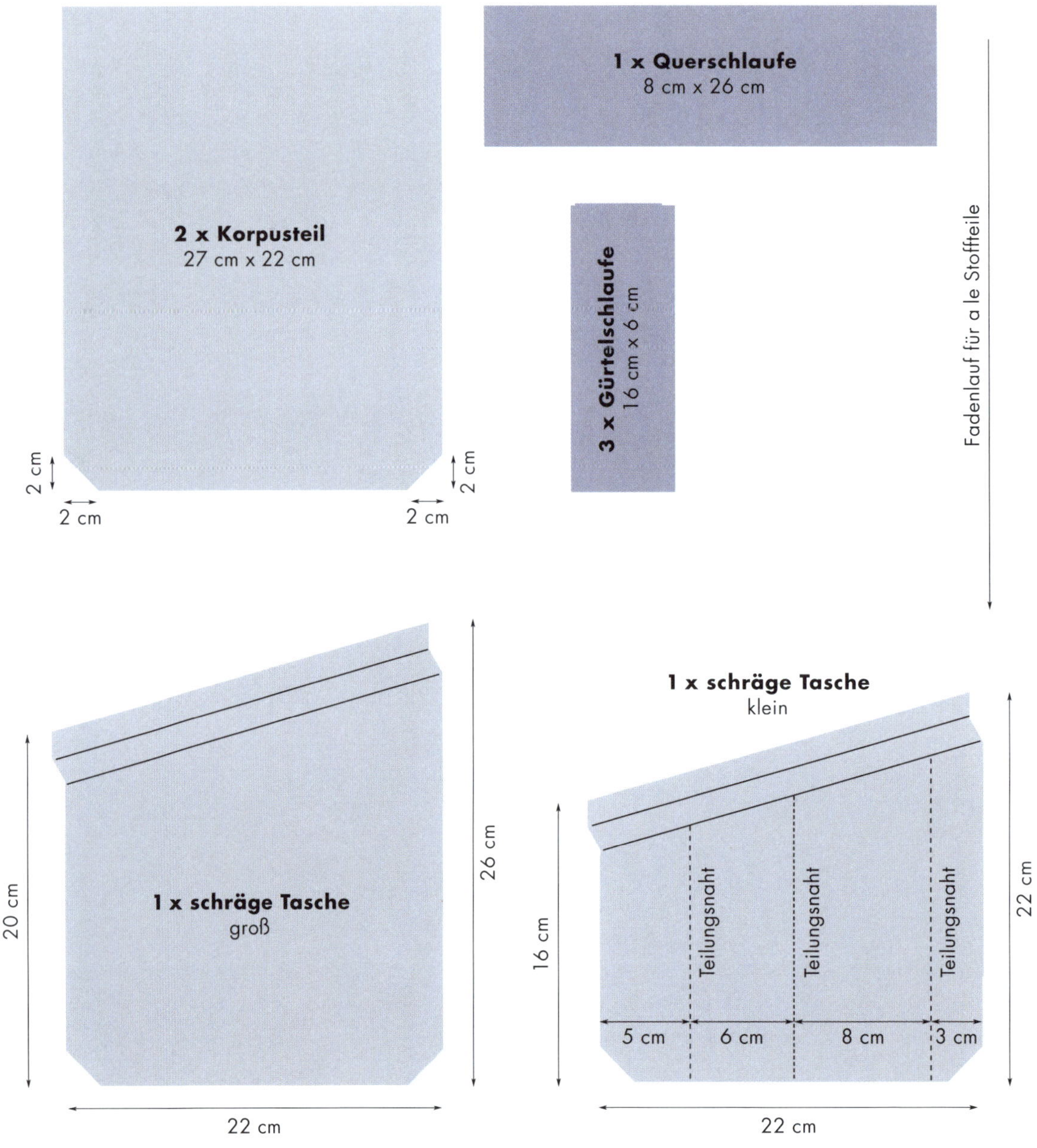

Schnittteile / linke Tasche mit Reißverschluss
Stoff 1:
2 x Korpusteil, 27 cm x 22 cm
1 x schräge Tasche, groß
1 x schräge Tasche, klein
1 x RV-Tasche, oberer Teil, 4 cm x 19 cm
1 x RV-Tasche, unterer Teil, 9 cm x 19 cm

Stoff 2:
3 x Gürtelschlaufe, 16 cm x 6 cm

Nahtzugaben
Die Schnittteile enthalten bereits alle erforderlichen NZG. Wenn nicht anders angegeben, beträgt die NZG beim Nähen 1 cm.

LINKE GÜRTELTASCHE

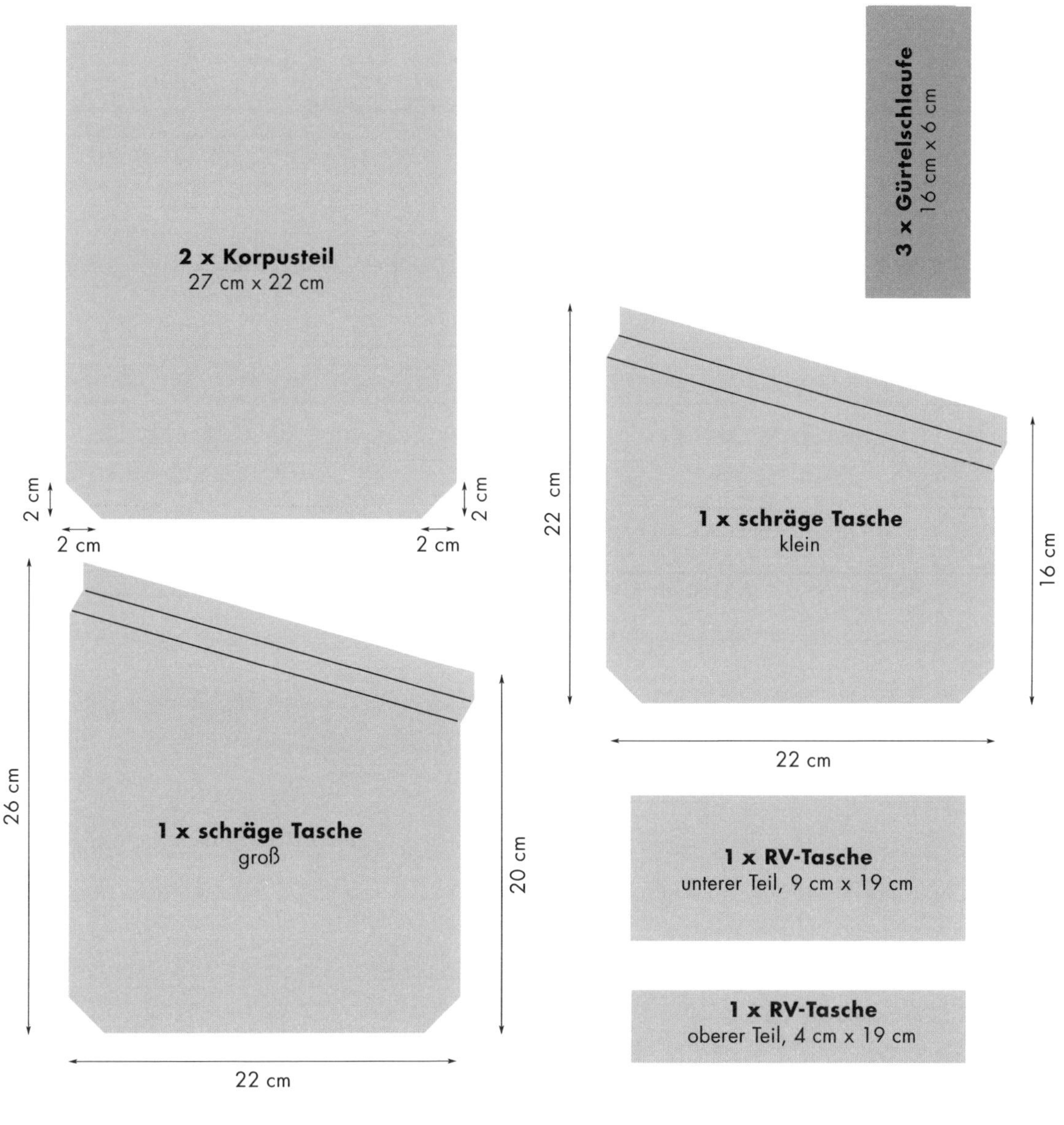

Anleitung

RECHTE GÜRTELTASCHE – OHNE REISSVERSCHLUSS

1 Alle Teile zuschneiden und die Markierungen übertragen.

2 An den schrägen Taschen die NZG oben an den Markierungen doppelt nach links umschlagen, knappkantig sowie füßchenbreit feststeppen.

3 Die kleine schräge Tasche l-a-r und kantenbündig auf die große schräge heften und innerhalb der NZG festnähen. Die Teilungsnähte steppen, dabei oben mit engem, schmalem Zickzackstich ca. 1,5 cm lange Riegel steppen (A).

4 Die Querschlaufe an den langen Seiten 2 cm nach links bügeln, dann längs mittig bügeln (zu 2 cm Breite). Längs knappkantig absteppen.

5 Die Querschlaufe 7 cm von der unteren Kante auf die schrägen Taschen heften und die Mehrweite gleichmäßig zwischen den Längsnähten verteilen. An diesen die Querschlaufe jeweils mit einer dreifachen Naht feststeppen (B).

6 Das gesamte Taschenteil nun auf die rechte Seite eines Korpusteils legen und seitlich sowie unten innerhalb der NZG festheften.

7 Das zweite Korpusteil r-a-r und kantenbündig darauflegen. An den Seiten und am Boden zusammenheften und -nähen. Die NZG an den Ecken schräg zurückschneiden und die Gürteltasche nach rechts wenden. Die oberen NZG gleichmäßig 1 cm nach innen bügeln.

8 Die drei Gürtelschlaufenteile an den langen Seiten 1,5 cm nach links bügeln, dann längs mittig zu 1,5 cm breiten Bändern falten und bügeln. Längs knappkantig absteppen, dann zu Schlaufen legen.

9 Die drei Schlaufen mit den offenen Enden 2 cm tief oben in die Gürteltasche schieben (mittig sowie je 1 cm vom Rand entfernt), dann die oberen Taschenkanten bündig zusammenheften. Die Öffnung knappkantig sowie mit 1,5 cm Kantenabstand zunähen, dabei die Schlaufen mitfassen. Diese mit Querriegeln (enger Zickzackstich) sichern (C).

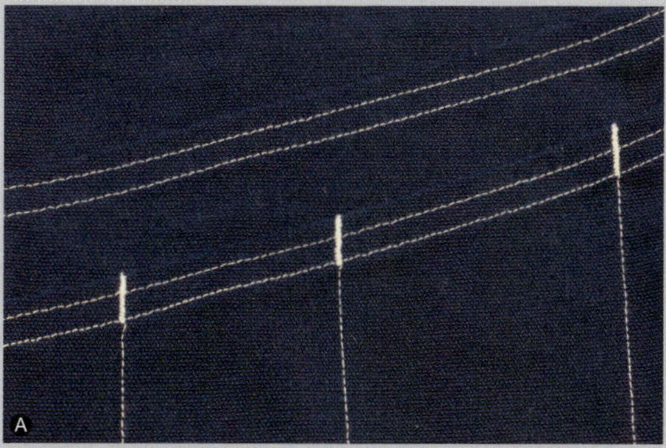
A

B

C

D

LINKE GÜRTELTASCHE – MIT REISSVERSCHLUSS

1. Alle Teile zuschneiden und die Markierungen übertragen.

2. An den schrägen Taschen die Nahtzugabe oben an den Markierungen doppelt nach links umschlagen und heften. Knappkantig sowie füßchenbreit feststeppen.

3. Den Reißverschluss mit den kleinen Endstücken aus curryfarbenem Canvas wie auf Seite 32 beschrieben in das obere und untere RV-Taschenteil einnähen.

4. Die NZG der RV-Tasche 1 cm nach links bügeln, dann die Tasche mit 3 cm Abstand zu den Seiten und 2 cm zum Boden auf die kleine schräge Tasche heften. Rundherum knappkantig festnähen.

5. Die kleine schräge Tasche l-a-r und kantenbündig auf die große schräge heften und innerhalb der NZG festnähen. Die Steppnähte der RV-Tasche längs auf der kleinen Tasche fortführen, dabei oben mit engem, schmalem Zickzackstich ca. 1,5 cm lange Riegel nähen (D).

6. Das gesamte Taschenteil nun auf die rechte Seite eines Korpusteils legen und innerhalb der NZG festheften.

7. Das zweite Korpusteil r-a-r und kantenbündig darauflegen. An den Seiten und am Boden zusammenheften und -nähen. Die NZG an den Ecken schräg zurückschneiden und die Gürteltasche nach rechts wenden. Die oberen NZG gleichmäßig 1 cm nach innen bügeln.

8. Die drei Gürtelschlaufenteile an den langen Seiten 1,5 cm nach links bügeln, dann längs mittig zu 1,5 cm breiten Bändern falten und bügeln. Längs knappkantig absteppen, dann zu Schlaufen legen.

9. Die drei Schlaufen mit den offenen Enden 2 cm tief oben in die Gürteltasche schieben (mittig sowie je 1 cm vom Rand entfernt), dann die oberen Taschenkanten bündig zusammenheften. Die Öffnung mit einer knappkantigen sowie einer Naht mit 1,5 cm Kantenabstand schließen, dabei die Schlaufen mitfassen. Diese zusätzlich mit Querriegeln (enger Zickzackstich) sichern.

Ruck | sack

SCHWIERIGKEITSGRAD 3

Lieblingsteil und Begleiter für alle Lebenslagen: Dieser Rucksack kann individuell gestaltet werden; Details wie die Befestigung der Riemen passt man den eigenen Bedürfnissen an.

Größe
Höhe 42 cm, Breite 28 cm, Tiefe 15 cm

Material
gewachste Baumwolle / Dry Oilskin in Senfgelb (bei der Anleitung in Aubergine), 100 cm x 140 cm
Volumenvlies, aufbügelbar
feste Vlieseinlage, aufbügelbar, 6 cm x 18 cm
Nappaleder in Dunkelbraun (ca. 1,5 mm stark), Maß siehe Schnittteile
2,60 m Fischgrätband (15 mm breit) oder Schrägband (16 mm breit, vorgefalzt), farblich passend
4 Buchschrauben
3 Rollschnallen (2,5 cm Innenmaß)
1 Bügelpunkt oder Quadrat (2 cm x 2 cm) aus Bügelvlies
Klettverschluss, 2,5 cm x 7 cm
Kunststoffreißverschluss, 18 cm lang, farblich passend
1,15 m Band (1 cm breit) in Weiß
Nähgarn, farblich passend
extrastarkes Nähgarn, farblich passend
Nähmaschinennadel für Leder
Textilklebeband oder doppelseitiges Bügelvlies (7 cm x 19 cm)
Sicherheitsnadel

Nähte mit Lederteilen mit der Ledernadel nähen!

Schnittteile (siehe Schemazeichnung)
gewachste Baumwolle:
1 x Bodenteil, 17 cm x 30 cm, Ecken abrunden
1 x Rückenteil, 47 cm x 30 cm
1 x Korpusteil, 47 cm x 58 cm
2 x obere Klappe, 25 cm x 25 cm, untere Ecken abrunden
1 x Tunnelzug, 8 cm x 84 cm
2 x Blasebalgtasche, 20 cm x 20 cm
4 x Taschenklappe, 14 cm x 14 cm, untere Ecken abrunden
1 x unteres Innentaschenteil, 41 cm x 18 cm
1 x oberes Innentaschenteil, 7 cm x 18 cm
2 x Schulterriemen, 46 cm x 12 cm
1 x innere Riemenabdeckung, 6 cm x 18 cm
2 x Riemenhalter (siehe Schemazeichnung)
2 x RV-Endstücke, 2,5 cm x 4 cm

Volumenvlies:
2 x Verstärkung für Schulterriemen, 41 cm x 10 cm

TIPP
Zeichnen Sie die gerundeten Teile erst rechteckig auf den Stoff und dann mithilfe der Schablone die Rundungen an.

Schnitt

1 x Bodenteil
17 cm x 30 cm

Mitte

die unteren Ecken mithilfe der Schablone abrunden

1 x oberes Innentaschenteil
7cm x 18 cm

1 x unteres Innentaschenteil
41 cm x 18 cm

1 x Rückenteil
47 cm x 30 cm

Fadenlauf für alle Stoffteile

1 x Tunnelzug
8 cm x 84 cm

teile

feste Vlieseinlage:
1 x Verstärkung für innere Riemenabdeckung, 6 cm x 18 cm

Nappaleder/Riemen:
1 x Bodenteil, 17 cm x 30 cm, Ecken abrunden
2 x Schulterriemen, 2,5 cm x 52 cm
1 x Riemen für obere Klappe, 2,5 cm x 17 cm
2 x Tragegriff, 2,5 cm x 25 cm
1 x Schnallenstück/Rucksack, 2,5 cm x 12 cm
2 x Schnallenstück/Schulterriemen, 2,5 cm x 24 cm
3 x Riemen, 1 cm x 7,5 cm
1 x Riemenabdeckung, 5 cm x 17 cm
2 x Lasche (Blasebalgtasche), 1 cm x 5 cm
1 x Kordelstopper, 2,5 cm x 10 cm

Nahtzugaben
Die Schnittteile enthalten bereits alle erforderlichen NZG. Wenn nicht anders angegeben, beträgt die NZG beim Nähen 1 cm.

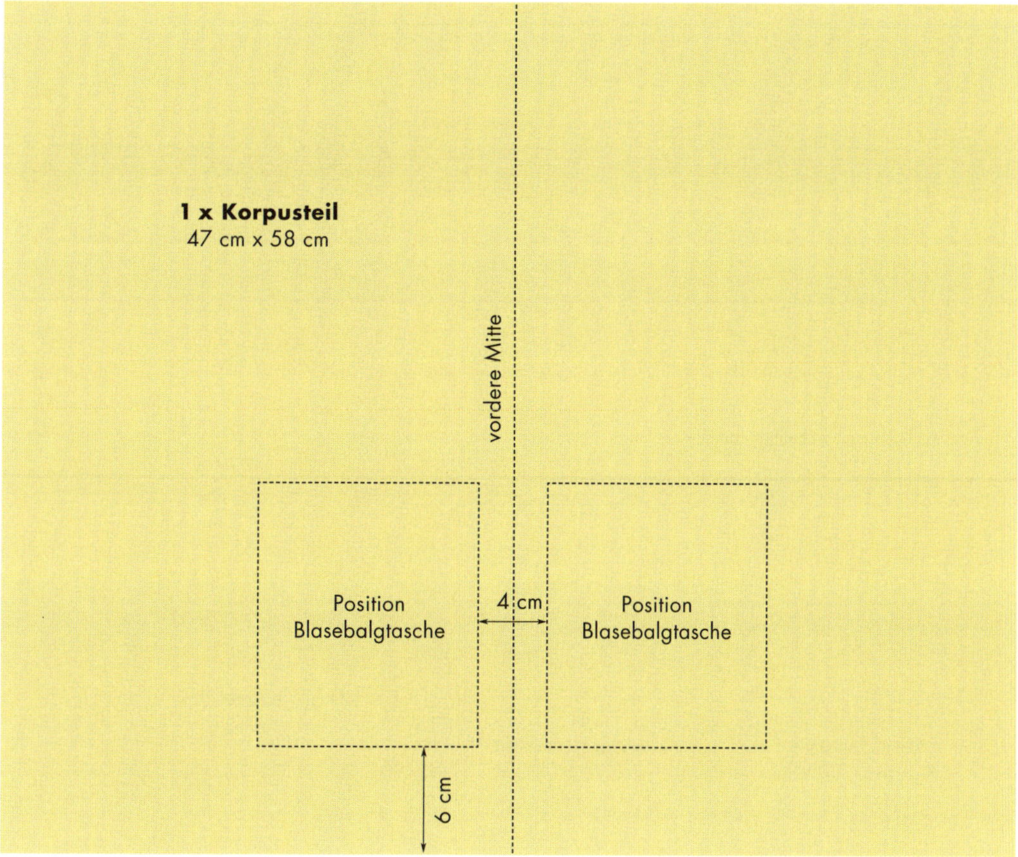

2 x Schulterriemen
46 cm x 12 cm
2 x Reißverschluss-Endstück
2,5 cm x 4 cm
2 x obere Klappe
25 cm x 25 cm
die unteren Ecken mithilfe
der Schablone abrunden
Fadenlauf für alle Stoffteile
2 x Blasebalgtasche
20 cm x 20 cm
1 x innere Riemenabdeckung 6 cm x 18 cm +
1 x aus fester Vlieseneinlage 6 cm x 18 cm
1 x Riemen /
obere Klappe
2,5 cm x 17 cm
1 x Kordelstopper
2,5 cm x 10 cm
1 x Riemenabdeckung
5 cm x 17 cm
2 x Tragegriff 2,5 cm x 25 cm
2 x Schulterriemen 2,5 cm x 52 cm

4 x Taschenklappe
14 cm x 14 cm

die unteren Ecken mithilfe der Schablone abrunden

2 x Riemenhalter
Blasebalgtasche

Mitte

12 cm

20 cm

2 x Volumenvlies
für Schulterriemen,
41 cm x 10 cm

2 x Lasche / Blasebalgtaschen
1 cm x 5 cm

1 x Schnallenstück / Rucksack
2,5 cm x 12 cm

2 x Schnallenstück / Schulterriemen
2,5 cm x 24 cm

3 x Riemen 1 cm x 7,5 cm

Schablone / Rundung
Originalgröße

Mitte

1 x Bodenteil
17 cm x 30 cm

die unteren Ecken mithilfe der Schablone abrunden

A

B

C

D

E

F

Anleitung

1 Alle Teile zuschneiden und die Markierungen übertragen.

2 Aus dem 12 cm, den zwei 24 cm sowie den drei schmalen, 7,5 cm langen Lederriemen ein 6 cm und zwei 12 cm lange Schnallenstücke fertigen wie auf Seite 26 beschrieben (A).

3 Die zwei Laschenteile (1 cm x 5 cm) zu Schlaufen legen und an der vorderen Kante mittig (nach innen zeigend) von rechts auf je ein Taschenklappenteil legen. Laschen innerhalb der NZG festnähen.

4 Auf jedes Klappenteil mit Lasche r-a-r ein weiteres Taschenklappenteil heften und diese bis auf eine 6 cm große Wendeöffnung in der oberen Mitte zusammennähen. Die NZG an den Ecken abschrägen und an den Rundungen kerbenartig ausschneiden. Taschenklappen wenden, Kanten ausformen und flach falzen (B).

5 Die Klappen seitlich und unten füßchenbreit mit Zickzackstich und extrastarkem Garn absteppen. Das Hakenband quer halbieren und längs mittig und 1 cm von der Laschenkante auf die Rückseite der Klappen aufsteppen (C).

6 NZG an den Blasebalgtaschen oben doppelt (je 1 cm) nach links einschlagen, heften und knappkantig feststeppen. Die anderen Kanten mit Zickzackstich versäubern und 4 cm nach links falzen, dann wieder aufklappen. Die Falzlinien an den unteren Ecken mit Kreide markieren. Das Flauschband quer halbieren und jeweils 3 cm von der oberen Kante längs mittig (von rechts) auf den Taschen feststeppen (D).

7 Die unteren Taschenecken jeweils an den Falzlinien zu einem Dreieck falten (rechte Seite innen) und heften. Die Eckabnäher exakt an der Kreidelinie nähen (E).

8 Die Abnäher flach zur Taschenmitte legen und von links diagonal sowie innerhalb der NZG feststeppen (F).

9 Die Konturen der Taschen von rechts auf dem Korpusteil anzeichnen (siehe Schemazeichnung). Auf der Rückseite der Taschenklappen jeweils eine Linie 1 cm von der oberen Kante anzeichnen. Die Taschenklappen mit dieser Linie genau auf die obere Taschenmarkierung am Korpusteil legen und knappkantig bis jeweils 1 cm vor den Seitenkanten feststeppen, die Wendeöffnung wird hierbei geschlossen (G).

5

10 Jeweils die NZG einer Blasebalgtasche 1 cm nach links falzen. Das Taschenteil r-a-r an einer Seite unter die NZG der Taschenklappe schieben (G), dann umschlagen (H). Die Tasche von rechts knappkantig aufnähen; dabei an der umgeschlagenen Kante beginnen (I) und diese nach und nach an die Kreidelinie legen. An den Ecken verfahren wie auf Seite 35 beschrieben, jedoch hier bis in die Ecken nähen, da die Kante umgeschlagen ist (J). Weiter bis zur oberen Kante steppen, dort die Taschenklappe auch an der Kreidelinie festnähen (K).

11 Die dreieckigen Riemenhalter an den 20 cm langen Kanten 1 cm nach links falzen. Ein 12 cm langes Schnallenstück so l-a-l auf eines der Dreiecke (an die Mitte angrenzend) legen, dass das Ende 6 cm nach innen zeigt, die NZG des Dreiecks aber frei bleibt. Das Dreieck um die Schnalle schlagen und die Kanten bündig aufeinanderheften. Das zweite Schnallenstück spiegelverkehrt einarbeiten. Die obere Kante knappkantig sowie füßchenbreit absteppen und den Lederriemen im Rechteck und über Kreuz feststeppen (L).

12 Die Riemenhalter mit der offenen Kante jeweils seitlich 2 cm von unten r-a-r (nach innen zeigend) auf das Korpusteil heften und innerhalb der NZG feststeppen (M). Die Position für das kleine Schnallenstück mittig zwischen den Taschen und 1 cm oberhalb der Taschenlinie anzeichnen. Das Schnallenstück 1,5 cm von der kurzen Kante mittig lochen. Diese Lochung auf das Korpusteil übertragen und linksseitig mit einem Bügelpunkt verstärken. Das Korpusteil ebenfalls lochen und das Schnallenstück im Quadrat aufsteppen. Um das Nähen zu erleichtern, kann die Buchschraube an der Schnalle abgenommen werden. Nach dem Festnähen beide Buchschrauben anbringen (N).

6

13 Das Korpusteil r-a-r an das Rückenteil heften (die Schnallenstücke zeigen nach innen) und festnähen. Die NZG mit Fischgrätband versäubern (siehe Seite 34).

14 Den Stoffboden l-a-l auf den Lederboden heften und innerhalb der NZG aufnähen. Den Boden mit der Lederseite r-a-r zunächst nur an das Rückenteil heften, die NZG dabei zur Rückenmitte legen. Den Boden exakt von einer Seitennaht zur anderen am Rückenteil festnähen.

15 Die NZG neben den Seitennähten an den unteren Ecken ca. 0,7 cm einschneiden (O). Das Korpusteil an den Boden heften (P) und festnähen, dabei an der Naht am Rückenteil beginnen, an den Ecken vorgehen wie auf Seite 35 beschrieben. Zum Schluss noch ein Stück auf der Rückenteilnaht steppen. Die NZG an den zwei Ecken abrunden.

16 Die RV-Endstücke quer mittig falten und als Abdeckungen auf den Reißverschluss nähen (Q). Diesen beidseitig r-a-r an die beiden Innentaschenteile nähen, dann die NZG versäubern. Die RV-Kanten von

TIPP

Der Reißverschluss muss hier, sofern er sich übernähen lässt, nicht kürzer sein als die Taschenteile. Die Endstücke dienen als Verstärkung.

G

H

I

J

K

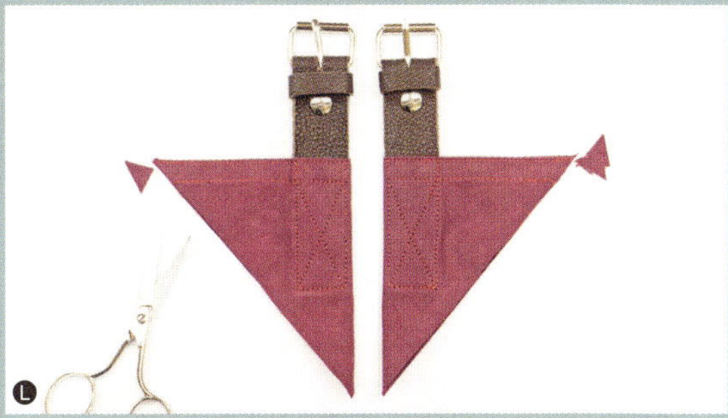

L

M

N

O

rechts füßchenbreit mit Zickzackstich und dem extrastarken Garn absteppen. Die Innentasche an den kurzen Kanten bündig aufeinanderlegen (linke Seite innen), an den Seiten und oben zusammennähen (R). Die NZG an den Seiten mit Fischgrätband versäubern.

17 Die kurzen Seiten des Tunnelzugstreifens doppelt (je 1 cm) nach links umschlagen und knappkantig feststeppen. Den Streifen r-a-r an die obere Rucksackkante heften (in der vorderen Mitte bleiben 4 cm frei) und festnähen. Dann die NZG an der vorderen Mitte mit einem 10 cm langen Fischgrätband versäubern (S).

18 Die Innentasche mittig auf die linke Stoffseite des Rückenteils heften und innerhalb der NZG feststeppen.

19 Den Tunnelzugstreifen an seiner oberen Kante 1 cm nach links falzen. Dann den Streifen über die obere Rucksackkante (dort zeigen die NZG nach oben) auf die Rucksackinnenseite klappen und so auf die Ansatznaht heften, dass diese knapp überdeckt wird (T). Den Tunnelzug von rechts knappkantig feststeppen.

20 Die oberen Klappenteile r-a-r legen, heften und bis auf eine ca. 12 cm große Wendeöffnung in der oberen Mitte zusammennähen. Die NZG an den Ecken abschrägen und an den Rundungen einkerben. Klappe nach rechts wenden, Kanten ausformen. An den Seiten und unten (vordere Kante) füßchenbreit mit Zickzackstich und extrastarkem Garn absteppen. Den zugehörigen Riemen mittig unten auf die Klappe legen, 12 cm überstehen lassen und im Rechteck und über Kreuz feststeppen.

21 Das Volumenvlies so von links auf die Schulterriemen aus Stoff aufbügeln, dass an den Seiten und oben 1 cm NZG frei bleibt sowie an der unteren Kante (Schulterriemenende) 4 cm. (Bitte beachten, dass die Schulterriemen spiegelgleich gefertigt werden!).
Jeweils einen zugehörigen Lederriemen von rechts auf ein Schulterriemenende legen (dort Mitte markieren, die Mitte des Lederriemens soll 2,5 cm davon entfernt sein und das -ende 4 cm überstehen) und innerhalb der NZG am Schulterriemen feststeppen (U).
Anschließend die Schulterriemen der Länge nach mittig falten (rechte Seite innen) und heften. Den Nahtverlauf am Riemenende (dort Lederriemen) einzeichnen – von der Nahtkante schräg zum Lederriemen zulaufend und dann der NZG folgend.

22 Jeden Schulterriemen bis auf die obere kurze Kante (ohne Leder) zusammennähen, an der unteren wird das Leder mitgefasst. Die NZG an den Ecken schräg zurückschneiden, Schulterriemen nach rechts wenden und füßchenbreit absteppen. Die nun innen liegenden Enden der Lederriemen zusätzlich über Kreuz feststeppen (V).

P

Q

R

S

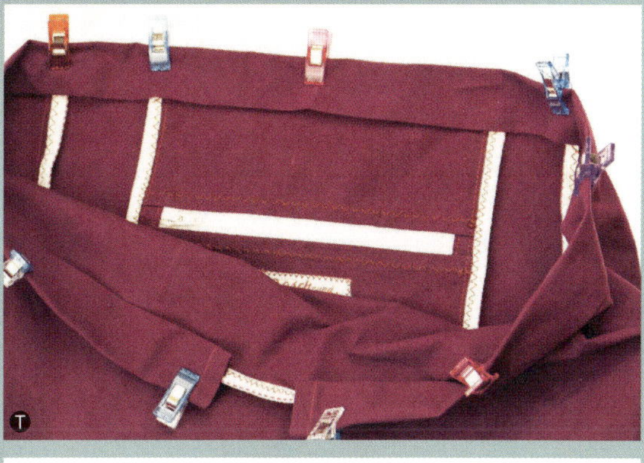

T

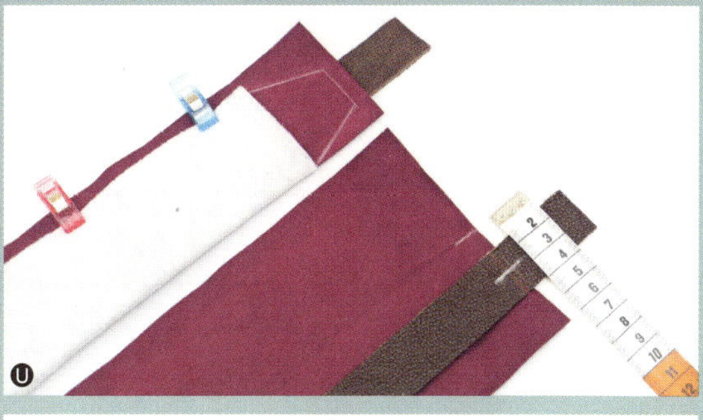

U

V

1,5 cm
5 cm
6 cm
W

17 cm
3 cm
2,5 cm
4 cm
6 cm
5 cm
X

9

23 Die Vlieseinlage linksseitig auf die Verstärkung der Riemenabdeckung aufbügeln, die Kanten mit Zickzackstich versäubern. Die Abdeckung mithilfe von Textilklebeband innen am Rückenteil fixieren: mittig und 5,7 cm von der oberen Rucksackkante.

24 Für die folgenden Schritte die Innentasche nach außen klappen, damit sie nicht mitgefasst wird. Die beiden Tragegriffteile aufeinandernähen (siehe auch Seite 25). Die Position für den Griff von rechts auf dem Rückenteil einzeichnen: mittig und 6 cm von der oberen Rucksackkante, Innenabstand 5 cm. Den Tragegriff wie abgebildet (W) im Rechteck und über Kreuz an den Rucksack steppen.

25 Auch hierfür bleibt die Innentasche hochgeklappt: Die Schulterriemen nach den Maßen in der Abbildung (X) im Rechteck und über Kreuz an den Rucksack steppen. Die Kontur der Riemenabdeckung (5 cm x 17 cm) auf dem Rucksack wie abgebildet markieren, die Abdeckung darauflegen und knappkantig sowie über Kreuz feststeppen.

26 Tragegriff und Riemen nach unten klappen. Dann die obere Klappe 1 cm oberhalb der Riemenabdeckung mittig am Rucksack anlegen und knappkantig sowie füßchenbreit feststeppen. Hierbei wird die Wendeöffnung geschlossen.

27 Die Riemenenden nach Wunsch in Form schneiden und passend zum Schnallendorn lochen.

28 Das Band mithilfe einer Sicherheitsnadel in den Tunnel einziehen. Das Lederteil für den Kordelstopper r-a-l zu einem Ring kleben (flach gedrückt knapp 2,5 cm breit). Die Klebenaht in die Mitte legen und den Ring dort senkrecht absteppen, sodass zwei kleine Tunnel entstehen. Das Band durch die Tunnel ziehen, die Enden jeweils doppelt einschlagen und feststeppen.

10

TIPP

Bei Schritt 22 bis 24 sind die Stoff- und Lederlagen sehr dick. Wenn Ihre Nähmaschine das nicht schafft, lassen Sie diese Nähte von einem Schuhmacher oder Sattler ausführen. Alternativ können Sie für den Tragegriff und auch für die Riemenabdeckung Stoff oder Gurtband verwenden.

Retro Tasche

SCHWIERIGKEITSGRAD 3

Die Bowlingtasche stand Pate: Ihre besondere Form verleiht dieser Tasche im Retro-Stil das gewisse Etwas. Sie bietet viel Platz für alle wichtigen Utensilien und kann innen andersfarbig gefüttert werden.

Größe
Höhe 22 cm, Breite 30 cm, Tiefe 14 cm

Material
Außenstoff: schwerer oder mittelschwerer Canvas (stonewashed) in Graublau, 40 cm x 140 cm
Innenfutter: mittelschwerer oder leichter Canvas in Curry, 40 cm x 140 cm
Nappaleder (ca. 1,5 mm stark) in Dunkelbraun, Maß siehe Schnittteile
Metallreißverschluss in Dunkelbraun, 50 cm lang
2 Lederriemen, 2,5 cm x 75 cm (ca. 2,5 mm stark) in Dunkelbraun
8 Bügelpunkte
8 Buchschrauben
Nähgarn, farblich passend
Nähmaschinennadel für Leder

Nähte mit Lederteilen mit der Ledernadel nähen!

Schnittteile (siehe Schemazeichnung)
Außenstoff:
2 x Korpusteil, 24 cm x 32 cm, obere Ecken abrunden
2 x RV-Einsatzteil, 9 cm x 54 cm
2 x Seiteneinsatzteil, 12 cm x 16 cm
1 x Außentasche, 20 cm x 14 cm

Innenfutter:
2 x Korpusteil, 24 cm x 32 cm, obere Ecken abrunden
2 x RV-Einsatzteil, 9 cm x 54 cm
2 x Seiteneinsatzteil, 12 cm x 16 cm
1 x Bodenteil, 16 cm x 32 cm
1 x Innentasche, 20 cm x 17 cm

Nappaleder:
1 x Bodenteil, 16 cm x 32 cm
2 x RV-Endstück, 4 cm x 3 cm

Nahtzugaben
Die Schnittteile enthalten bereits alle erforderlichen NZG. Wenn nicht anders angegeben, beträgt die NZG beim Nähen 1 cm.

TIPP

Wenn Sie genügend Nappaleder haben, können Sie die beiden Tragegriffe auch selbst herstellen. Bei dünnem Leder benötigen Sie vier Teile à 2,5 cm x 75 cm, die Sie jeweils doppellagig zusammennähen (siehe Seite 25). Ansonsten schneiden Sie zwei einlagige Griffe zu. Die NZG der Tasche liegen später innen verdeckt, deshalb ist ein Versäubern der Kanten nur bei stark ausfransenden Stoffen nötig.

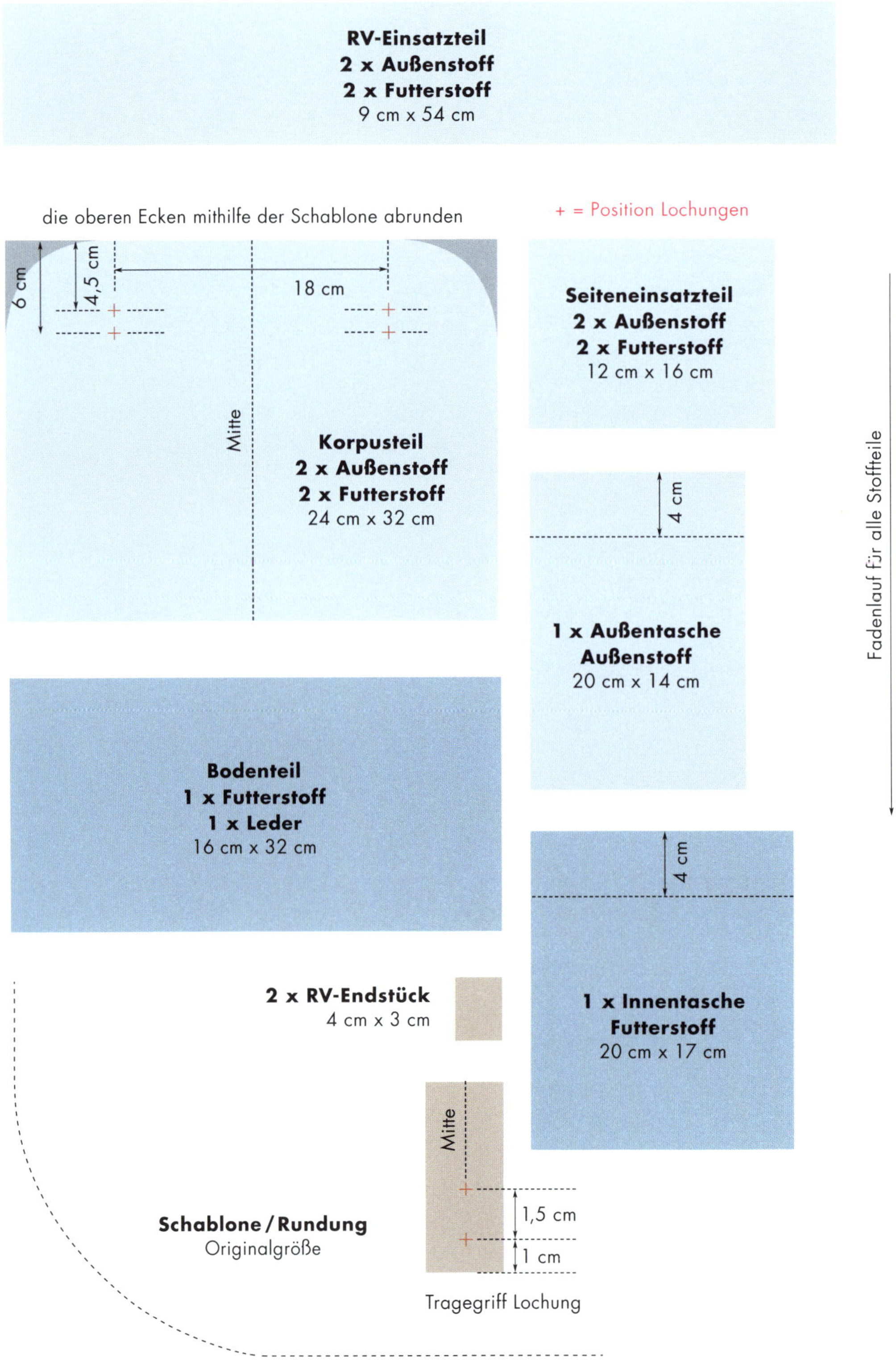
RV-Einsatzteil
2 x Außenstoff
2 x Futterstoff
9 cm x 54 cm
die oberen Ecken mithilfe der Schablone abrunden
+ = Position Lochungen
6 cm
4,5 cm
18 cm
Mitte
Korpusteil
2 x Außenstoff
2 x Futterstoff
24 cm x 32 cm
Seiteneinsatzteil
2 x Außenstoff
2 x Futterstoff
12 cm x 16 cm
4 cm
1 x Außentasche
Außenstoff
20 cm x 14 cm
Fadenlauf für alle Stoffteile
Bodenteil
1 x Futterstoff
1 x Leder
16 cm x 32 cm
4 cm
2 x RV-Endstück
4 cm x 3 cm
1 x Innentasche
Futterstoff
20 cm x 17 cm
Mitte
1,5 cm
1 cm
Tragegriff Lochung
Schablone / Rundung
Originalgröße

Schnittteile + Anleitung

1 Alle Teile zuschneiden und die Markierungen übertragen. Die Lochungen an den äußeren Korpusteilen auf beiden Stoffseiten markieren.

2 Die Bügelpunkte von links auf die Markierungen aufbügeln, dann die Löcher stanzen.

3 Die Lederendstücke beidseitig so an den Reißverschluss heften, dass dieser auf 54 cm verlängert wird. Die Lederstücke gegebenenfalls in der Breite anpassen und dann jeweils längs feststeppen. Den Reißverschluss r-a-r an die Einsatzteile heften und feststeppen (siehe Seite 33). Den Reißverschluss nach außen bügeln und NZG von rechts füßchenbreit absteppen. Der RV-Einsatz sollte nun genau 16 cm breit sein, gegebenenfalls beidseitig anpassen.

4 Die Seiteneinsätze r-a-r an die kurzen Seiten des RV-Einsatzes nähen. Die NZG nach unten bügeln und von rechts füßchenbreit absteppen.

5 Den Lederboden an den kurzen Seiten r-a-r an die Seiteneinsätze heften, sodass sich ein Ring ergibt, und festnähen (A).

6 Die kleine Außentasche an der oberen Kante 4 cm nach links bügeln, davon 1 cm NZG einschlagen und knappkantig sowie füßchenbreit feststeppen. Die anderen NZG nach links bügeln. Die Tasche mittig und 3 cm von der unteren Kante auf eines der äußeren Korpusteile heften und knappkantig feststeppen.

7 Ein Korpusteil an der unteren Kante r-a-r an den Lederboden heften. Festnähen, dabei jeweils 1 cm vor den Ecken beginnen und enden. Anschließend das Korpusteil rundherum sorgfältig an das Einsatzteil heften (B). Das Korpusteil an den Einsatz nähen, dabei exakt an der Bodennaht beginnen und enden. Das zweite Korpusteil dann auf die gleiche Weise an Boden und Seiteneinsatz nähen.

8 Die Riemen an den Enden markierungsgemäß lochen (siehe Seite 114) und mit Buchschrauben an den äußeren Korpusteilen befestigen.

9 Nun die Innenfutterteile verarbeiten: An den RV-Einsatzteilen je eine lange Seite 1 cm nach links bügeln. Den Reißverschluss am Außenteil schließen und seine sichtbare Breite ausmessen (z. B. 1,5 cm). Die beiden RV-Einsatzteile an den kurzen Seiten r-a-r so an die Futterseiteneinsätze heften, dass mittig ein Schlitz in dieser RV-Breite bleibt, Teile festnähen (C) und gegebenenfalls wie bei Schritt 3 beschrieben auf 16 cm anpassen. Die NZG nach unten bügeln und von rechts füßchenbreit feststeppen.

10 Den Futterboden r-a-r so an die Seiteneinsätze heften, dass sich ein Ring ergibt, und festnähen.

11 Die kleine Innentasche oben 4 cm nach links bügeln, davon 1 cm NZG einschlagen und knappkantig sowie füßchenbreit feststeppen. Die anderen NZG nach links bügeln. Die Tasche mittig und 3 cm von der unteren Kante auf ein Futterkorpusteil heften. Knappkantig und füßchenbreit feststeppen.

12 Ein Futterkorpusteil an der unteren Kante r-a-r an den Futterboden nähen, dabei jeweils 1 cm vor den Ecken beginnen und enden. Dann das Futterkorpusteil rundherum an das Futtereinsatzteil heften.

13 Das Futterkorpusteil an den Futtereinsatz nähen, dabei exakt an der Bodennaht beginnen und enden. Nahtanfang und -ende sorgfältig mit Rückstichen sichern. Das zweite Futterkorpusteil auf die gleiche Weise an Futterboden und Futtereinsatz steppen.

14 Das äußere Taschenteil nach links wenden und die Tragegriffe zur leichteren Verarbeitung nach unten klappen. Das Innenfutter l-a-l auf das äußere Taschenteil ziehen und an der Reißverschlussnaht so festheften, dass diese knapp überdeckt wird (D). Hier am besten sorgfältig von Hand heften!

15 Die Reißverschlusskante von rechts rundherum knappkantig (mit dem Reißverschlussfuß) absteppen, dabei wird das Futter mitgefasst.

A

B

C

D

Runde Outdoor kissen

SCHWIERIGKEITSGRAD 1

Von den Kissen für die Terrasse oder den Balkon näht man am besten gleich mehrere in den eigenen Lieblingsfarben. Aus dickem Canvas sind sie robust und waschbar.

Größe
50 cm Durchmesser

Material für ein Kissen
schwerer Canvas (hier in Dunkelblau, Khaki Curry, Rosa und Weiß), 60 cm x 140 cm
48 cm Endlosreißverschluss, farblich passend, mit Wäschezipper
Nähgarn, farblich passend
Kissenfüllung, 50 cm Ø

Schnittteile für ein Kissen
Canvas:
1 x rundes Kissenoberteil, 48 cm Ø
1 x Kissenunterteil 1 (Halbkreis + 5 cm NZG, siehe Schemazeichnung)
1 x Kissenunterteil 2 (Halbkreis + 1 cm NZG, siehe Schemazeichnung)
1 x Laschenteil, 4 cm x 14 cm

Nahtzugaben
Die Nahtzugaben für die geraden Kanten der Halbkreisteile in der Schemazeichnung beachten. Wenn nicht anders angegeben, beträgt die NZG beim Nähen 1 cm.

TIPP

Für kleinere Rundkissen muss nur der Radius angepasst werden (siehe auch Glossar: **Kreisformel** und **Kreis zeichnen**), die Nahtzugaben an den geraden Kanten der Halbkreise (siehe Schemazeichnung) bleiben gleich. Damit die Kissenhülle schön straff sitzt, sollte sie im Durchmesser 1–2 cm kleiner als die Füllung sein.

Schnitt teile

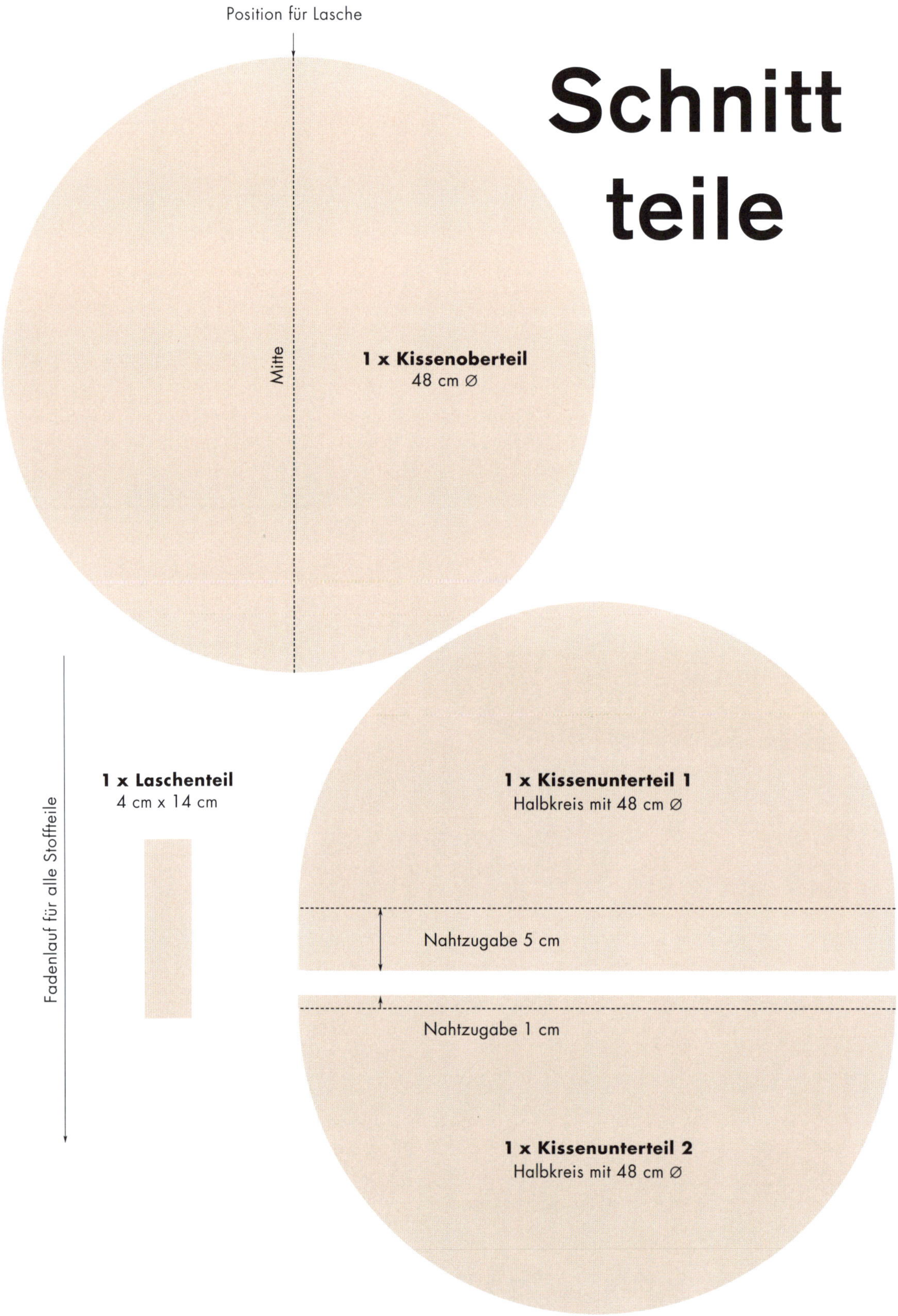

A

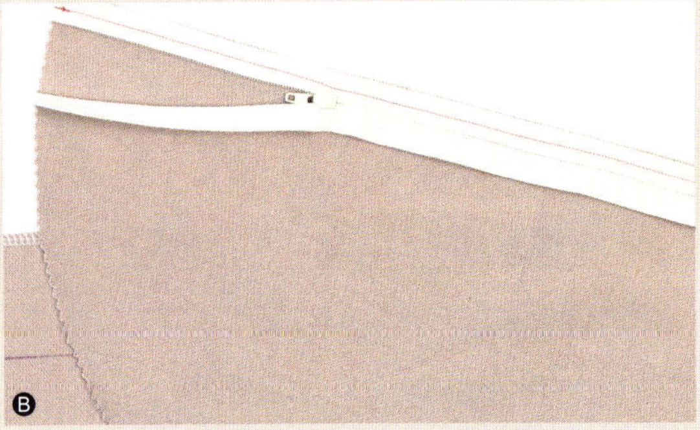

B

C

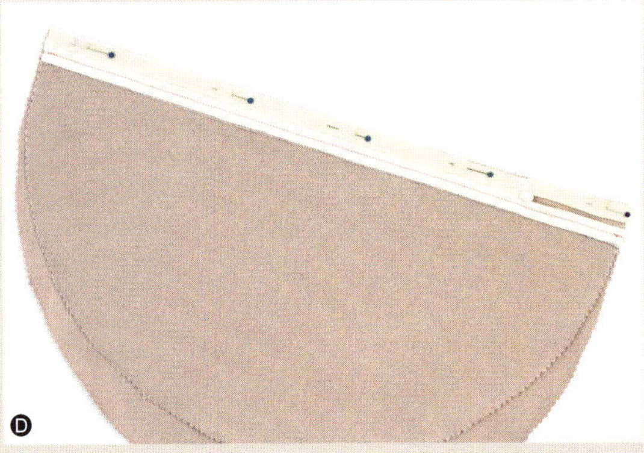

D

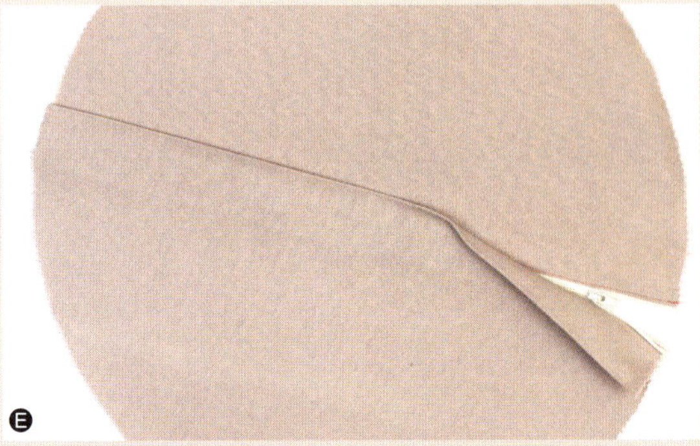

E

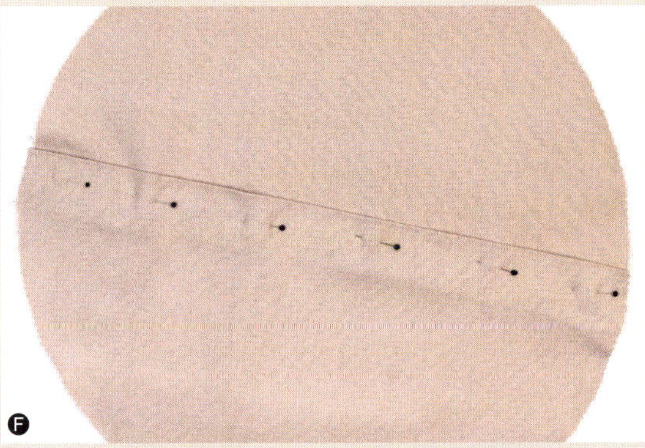

F

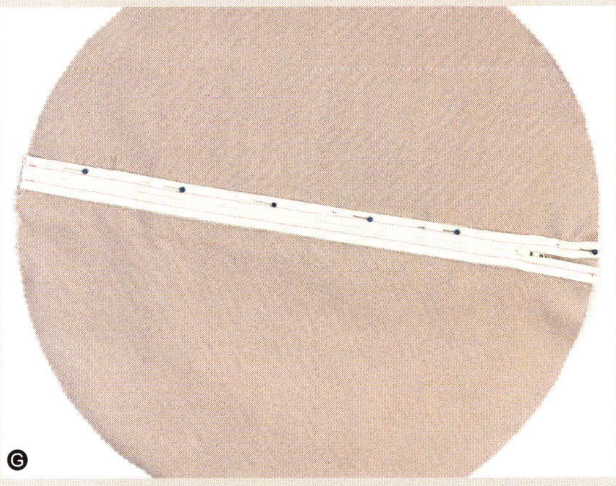

G

H

Anleitung

1 Alle Teile zuschneiden und die Markierungen übertragen.

2 Die geraden Kanten der beiden Kissenunterteile versäubern (A). Den Reißverschluss mit einer Seite r-a-r an die versäuberte Kante von Unterteil 2 heften und mit dem Reißverschlussfuß festnähen (B). Den Reißverschluss nach außen bügeln und NZG von rechts durch alle Lagen knappkantig absteppen (C).

3 Unterteil 2 r-a-r auf Unterteil 1 legen und die andere Reißverschlussseite dort kantenbündig feststecken und -nähen (D).

4 Unterteil 1 so über den Reißverschluss falten, dass der Kreisdurchmesser nun 48 cm beträgt (E). Die Falte erst von rechts mit einigen Stecknadeln fixieren (F), dann von links am Reißverschluss feststecken (G). Dort die Falte von links durch alle Lagen feststeppen (H). An den seitlichen Kanten die Falte innerhalb der NZG feststeppen.

5 Jeweils das Unterteil und das Oberteil der Kissenhülle versäubern.

6 Das Laschenteil an den langen Seiten 1 cm nach links bügeln, längs mittig bügeln und knappkantig beidseitig absteppen. Lasche falten und markierungsgemäß sowie nach innen zeigend an die Kante des Oberteils heften. Die Lasche innerhalb der NZG festnähen.

7 Den Reißverschluss zur Hälfte öffnen und die Kissenteile r-a-r zusammenheften. Die Teile rundherum zusammennähen.

8 Kissenhülle nach rechts wenden und die Füllung hineinschieben.

Reiß | verschluss | täschchen

SCHWIERIGKEITSGRAD 1

Stofftäschchen wie diese kann man nicht genug haben. Sie können vielfach abgewandelt werden und eignen sich gut zum Aufbewahren von Kosmetika, Stiften oder Schmuck.

Mäppchen

Größe
Höhe ca. 16 cm, Breite 22 cm

Material
schwerer oder mittelschwerer Canvas in Khaki, 33 cm x 24 cm
Nappaleder in Dunkelbraun (ca. 1,5 mm stark), Maß siehe Schnittteile
Metallreißverschluss in Schwarz, 20 cm lang
Schrägband oder Fischgrätband
2 Bügelpunkte
Nähgarn in Naturweiß
1 Buchschraube
1 Taschenkarabiner (2 cm Innenmaß)

Schnittteile
Canvas:
1 x Taschenteil, 33 cm x 24 cm

Nappaleder:
1 x Laschenteil, 2 cm x 5 cm, Ecken abrunden
2 x RV-Endstück, 4 cm x 3 cm

Anleitung

1 Den Reißverschluss mit den Endstücken aus Leder wie auf Seite 33 beschrieben an den kürzeren Kanten in das Taschenteil einnähen.

2 Den Reißverschluss öffnen. Das Taschenteil so falten (rechte Seite innen), dass der Reißverschluss genau mittig und die Seitenkanten bündig liegen. Die Seitennähte schließen. Die NZG mit Schrägband versäubern (siehe Seite 34). Das Mäppchenteil nach rechts wenden.

3 Das Laschenteil mit den Enden bündig um den Karabinerring legen. 1 cm von der unteren Kante mittig ein Loch stanzen. Dann die Lasche mit den Enden um die linke Mäppchenecke legen und die Lochung anzeichnen. Das Mäppchen nach links wenden und die zwei Bügelpunkte für die Lochungen aufbügeln.

4 Das Teil wieder nach rechts wenden und das Loch an der Markierung stanzen. Anschließend die Karabinerlasche um die Mäppchenecke legen und mit der Buchschraube befestigen.

Umhängetäschchen

Größe
Höhe ca. 20 cm, Breite 23 cm

Material
schwerer oder mittelschwerer Canvas in Puderrosa, 41 cm x 25 cm
Nappaleder (ca. 1,5 mm stark) in Dunkelbraun, Maß siehe Schnittteile
Metallreißverschluss in Weiß, 22 cm lang
4 Bügelpunkte
Nähgarn in Naturweiß
Schrägband oder Fischgrätband
2 Buchschrauben
2 D-Ringe (2 cm Innenmaß)

Schnittteile
Canvas:
1 x Taschenteil, 41 cm x 25 cm

Nappaleder:
2 x Laschenteil, 2 cm x 5 cm, Ecken abrunden
2 x RV-Endstück, 4 cm x 3 cm

Den Schulterriemen für das Täschchen können Sie selbst herstellen (siehe Seite 29).

Anleitung

1 Den Reißverschluss mit den Endstücken aus Leder wie auf Seite 33 beschrieben an den kürzeren Kanten in das Taschenteil einnähen.

2 Das Taschenteil so falten (rechte Seite innen), dass die RV-Mitte 4 cm Abstand zur oberen Kante hat und die Seitenkanten bündig liegen. Die Seitennähte schließen. Die NZG mit Schrägband versäubern (siehe Seite 34). Dann das Teil nach rechts wenden.

3 Die Laschenteile mit den Enden bündig um die D-Ringe legen. Jeweils 1 cm von den unteren Kanten mittig ein Loch stanzen. Die Laschen ca. 0,5 cm von den Taschenecken um die obere Kante legen und die Lochung durchzeichnen. Das Teil nach links wenden und die vier Bügelpunkte für die Lochungen aufbügeln.

4 Das Täschchen wieder nach rechts wenden und die Löcher an den Markierungen stanzen. Die D-Ring-Laschen um die obere Taschenkante legen und mit den Buchschrauben befestigen.

Minitäschchen

Größe
Höhe 14 cm, Breite 14 cm

Material
schwerer oder mittelschwerer Canvas in Curry, 29 cm x 16 cm
Nappaleder in Dunkelbraun (ca. 1,5 cm stark), Maß siehe Schnittteile
Metallreißverschluss in Dunkelblau, 12 cm lang
2 Bügelpunkte
Nähgarn in Dunkelblau
Schrägband oder Fischgrätband
1 Buchschraube
1 D-Ring (2 cm Innenmaß)
1 Taschenkarabiner

Schnittteile
Canvas:
1 x Taschenteil, 29 cm x 16 cm

Nappaleder:
1 x Laschenteil, 2 cm x 4 cm, Ecken abrunden
2 x RV-Endstück, 4 cm x 3 cm

Anleitung

1 Den Reißverschluss mit den Endstücken aus Leder wie auf Seite 34 beschrieben an den kürzeren Kanten in das Taschenteil einnähen.

2 Den Reißverschluss öffnen. Das Taschenteil so falten (rechte Seite innen), dass die RV-Mitte 4 cm Abstand zur oberen Kante hat und die Seitenkanten bündig liegen. Die Seitennähte schließen. Die NZG mit Schrägband versäubern (siehe Seite 34). Das Teil nach rechts wenden.

3 Das Laschenteil mit den Enden bündig um den D-Ring legen. 1 cm von der unteren Kante mittig ein Loch stanzen. Die Lasche an den Enden mittig um die obere Taschenkante legen und die Lochung anzeichnen. Das Täschchen nach links wenden und die zwei Bügelpunkte für die Lochungen aufbügeln.

4 Das Täschchen nach rechts wenden und das Loch stanzen. Dann die D-Ring-Lasche wieder um die Taschenkante legen und mit der Buchschraube befestigen. Den Karabiner einhängen.

Sitz | hocker

SCHWIERIGKEITSGRAD 2

Sogar Sitzmöbel lassen sich selbst nähen: Ein Hocker wie dieser mit weichen Kanten macht die Einrichtung gemütlich. Er lädt ein zum Sitzen, die Füße hochzulegen oder ein Tablett darauf abzustellen.

Größe
Höhe 30 cm, Breite 48 cm, Tiefe 48 cm

Material für den Bezug
Stoff 1: schwerer Canvas (stonewashed) in Graubraun, 60 cm x 110 cm
Stoff 2: Möbelstoff in Rosa meliert, 70 cm x 110 cm
Stoff 3: schwerer oder mittelschwerer Canvas in Puderrosa, 55 cm x 45 cm
40 cm Endlosreißverschluss, farblich passend, mit Wäschezipper
210 cm Lederpaspel in Dunkelbraun
Nähgarn, farblich passend
extrastarkes Nähgarn in Braun und Naturweiß
Alleskleber oder Lederkleber

Material für die Hockerfüllung
75 Liter Polystyrolkügelchen (oder anderes Füllmaterial, erhältlich im Bastelbedarf oder im Schaumstoffgeschäft)
Inlettstoff oder Bettlakenstoff, 160 cm x 160 cm
Nähgarn in Weiß

Schnittteile (siehe Schemazeichnung)
Stoff 1:
1 x Sitzfläche, 50 cm x 50 cm
2 x Bodenteil, 26 cm x 50 cm

Stoff 2:
4 x Seitenteil, 32 cm x 50 cm

Stoff 3:
2 x Außentasche, 25 cm x 40 cm

Inlettstoff:
4 x Kissenteil, 80 cm x 80 cm

Nahtzugaben
Die Schnittteile enthalten bereits alle erforderlichen NZG. Wenn nicht anders angegeben, beträgt die NZG beim Nähen 1 cm.

TIPP
Wenn Sie einen einfarbigen Sitzhocker nähen möchten, benötigen Sie 125 x 140 cm Stoff. Sollte die Breite nicht ganz ausreichen, können Sie die Taschen etwas schmaler oder um 90 Grad gedreht zuschneiden.

TIPP

Es ist einfacher, die Füllung aus Polystyrolkügelchen auf zwei Kissen zu verteilen, als ein einziges Inlett in der Größe des Sitzhockers zu nähen. Die Füllkissen lassen sich so leichter durch die Reißverschlussöffnung schieben und verteilen sich im Inneren des Bezugs ebenso gut.

Wer passgenaue Inlettkissen für den Hocker nähen möchte, fertigt am besten zwei Stück mit den Maßen 20 cm x 50 cm x 50 cm und befüllt sie wie beschrieben.

1 x Sitzfläche
50 cm x 50 cm

2 x Bodenteil
26 cm x 50 cm

Fadenlauf für alle Stoffteile

Schnittteile

4 x Seitenteil
32 cm x 50 cm

4 cm

Taschenkante

2 x Außentasche
25 cm x 40 cm

Beim Festnähen der Paspel die Nähmaschinennadel im Stoff stecken lassen und das Nähgut um 90 Grad wenden.

Anleitung

1 Alle Teile zuschneiden und die Markierungen übertragen.

2 An allen Teilen bis auf die Taschen die Kanten versäubern.

3 Die Bodenteile an einer Längskante r-a-r stecken. Zuerst 6 cm nähen, dann die Naht mit vier bis fünf sehr kurzen Rückstichen sichern. Nun mit größter Stichlänge 38 cm weiternähen (dient als Heftnaht für das Einsetzen des Reißverschlusses). Wieder mit sehr kurzer Stichlänge einen zweiten Riegel steppen, dann den Rest der Naht mit normaler Stichlänge nähen. Die NZG auseinanderbügeln.
Den Reißverschluss von links mittig unter die Naht legen, feststecken und von Hand festheften oder mit Stoffklebeband fixieren. Den Reißverschluss von rechts mit 0,7 cm Abstand zur Naht rundherum feststeppen. Die Naht zwischen den beiden Riegeln auftrennen. Den Reißverschluss dann ca. 10 cm öffnen.

4 Die Lederpaspel rundherum so an die Sitzfläche heften, dass der Keder nach innen zeigt und dicht daneben insgesamt 1 cm NZG bleibt. Dabei in den Ecken die NZG der Paspel vorsichtig zwei- bis dreimal einschneiden. Am Nahtanfang und -ende die Paspel zunächst überlappen lassen und im Folgenden auf einer Länge von ca. 2 cm noch nicht heften oder festnähen. Paspel mit dem Reißverschlussfuß dicht am Keder festnähen (A). An den Ecken die Nadel im Stoff stecken lassen und den Nähfuß anheben. Das Nähgut dann um 90 Grad drehen, den Fuß wieder absenken und weiternähen (siehe auch Seite 35). Am Paspelende die innenliegende Kordel so kürzen, dass sie genau an den Paspelanfang stößt. Das nun »ungefüllte« Paspelende ca. 1 cm nach innen klappen und festkleben (B).

5 Das Paspelende um den -anfang legen und mit einer Stoffklammer fixieren (C). Nun das restliche Stück festnähen.

6 Die Seitenteile jeweils r-a-r an den kurzen Seiten so zusammenheften und -nähen, dass ein Ring entsteht. Die NZG auseinanderbügeln. Alle Nähte von rechts doppelt mit dem extrastarken, braunen Garn absteppen (jeweils mit 0,5 cm Abstand zur Naht).

7 Die Taschenteile an der oberen Kante 4 cm nach links bügeln, davon 1 cm NZG einschlagen und knappkantig sowie füßchenbreit mit dem extrastarken, naturweißen Garn feststeppen. Die restlichen NZG nach links bügeln. Die Taschen mittig und 3 cm von der unteren Kante auf zwei der Seitenteile (nach Wahl) heften. Knappkantig sowie füßchenbreit feststeppen. Die Taschen wahlweise noch durch doppelte Längsnähte unterteilen.

8 Die Seitenteile mit den Nähten r-a-r an die vier Ecken des Sitzflächenteils heften. Dort mit kleinen Quernähten festnähen (möglichst dicht neben dem Keder; am besten mit dem Reißverschlussfuß) (D).

9 Dann die Seitenteile fortlaufend an die Sitzfläche heften und mit dem RV-Fuß festnähen. Auch hier dicht am Keder entlangnähen (E).

10 Die Seitenteile auf die gleiche Weise r-a-r am Bodenteil feststeppen. Da hier kein Keder verarbeitet wird, mit dem gewöhnlichen Nähfuß mit 1 cm Abstand zur Kante steppen. Der Reißverschluss sollte dabei mindestens 15 cm geöffnet sein.

11 Den Bezug durch den Reißverschluss nach rechts wenden.

12 Für die Inletthülle je zwei Kissenteile r-a-r bis auf eine 30 cm große Wendeöffnung zusammennähen. Die Hüllen nach rechts wenden. Eine davon mit der Hälfte der Polystyrolkügelchen befüllen, dann die Öffnung zunähen. Das Inlett in den Hockerbezug schieben. Die zweite Hülle mit zwei Drittel der restlichen Kügelchen füllen, dann die Öffnung mit einer Schnur oder dem extrastarken Garn zubinden. Inlett in den Hockerbezug schieben und die Füllmenge prüfen. Gegebenenfalls Kügelchen nachfüllen. Der Sitzhocker sollte fest ausgestopft werden, da die Füllung im Lauf der Zeit etwas nachgibt. Auch die zweite Hülle zunähen, dann in den Hockerbezug schieben. Die restlichen Kügelchen zum späteren Nachfüllen aufbewahren.

D

E

Sonnen brillen etui

SCHWIERIGKEITSGRAD 1

TIPP

Um zu prüfen, ob Ihre Brille in das Etui passt, schneiden Sie das Teil ohne NZG aus Papier zu und kleben die Seiten mit Kreppband oder Masking Tape zusammen. Sollte das Etui zu klein sein, können Sie den Papierschnitt am Kopierer vergrößern.

Wenn die Sonne einmal nicht scheint, kann die Brille in einem hübschen Stoffetui wie diesem aufbewahrt werden. Es ist einfach zu nähen und auch eine tolle Geschenkidee.

Größe
ca. 8 cm x 17 cm

Material
Außenstoff: schwerer oder mittelschwerer Canvas (stonewashed), 30 cm x 25 cm
Futterstoff: mittelschwerer oder leichter Canvas, 30 cm x 25 cm
Volumenvlies zum Aufbügeln (3 mm dick), 30 cm x 25 cm
1 Druckknopf oder Magnetverschluss
Nähgarn, farblich passend zum Außenstoff
1 kleiner runder Lederpunkt, etwas größer als der Druckknopf
Leder- oder Textilkleber
Nähgarn, farblich passend zum Futterstoff
optional: extrastarkes Nähgarn, farblich passend zum Futterstoff

Schnittteile (siehe Schemazeichnung)
Außenstoff: 1 x Etuiteil + 1 cm NZG zuschneiden
Futterstoff: 1 x Etuiteil + 1 cm NZG zuschneiden
Volumenvlies: 1 x Etuiteil ohne NZG zuschneiden

Nahtzugaben
Bitte beachten: Die Schnittvorlage (Seite 142) muss auf 140 % vergrößert werden und enthält keine NZG.

TIPP

Schneiden Sie zunächst nur das Volumenvliesteil zu. Bügeln Sie es linksseitig auf den Futterstoff auf, um es als »Nähschablone« zu nutzen: dafür den Außenstoff r-a-r auf das Futter heften und genau entlang der Vlieskante nähen (Öffnung zum Wenden lassen). Erst dann das Stoffteil rundherum mit 1 cm NZG ausschneiden, diese an den stärkeren Rundungen auf 0,5 cm zurück- und einschneiden.

Dieser Schnitt steht in Originalgröße zum Download bereit: www.haupt.ch/festestoffe/

1 x Außenstoff + NZG
1 x Futterstoff + NZG
1 x Volumenvlies ohne NZG

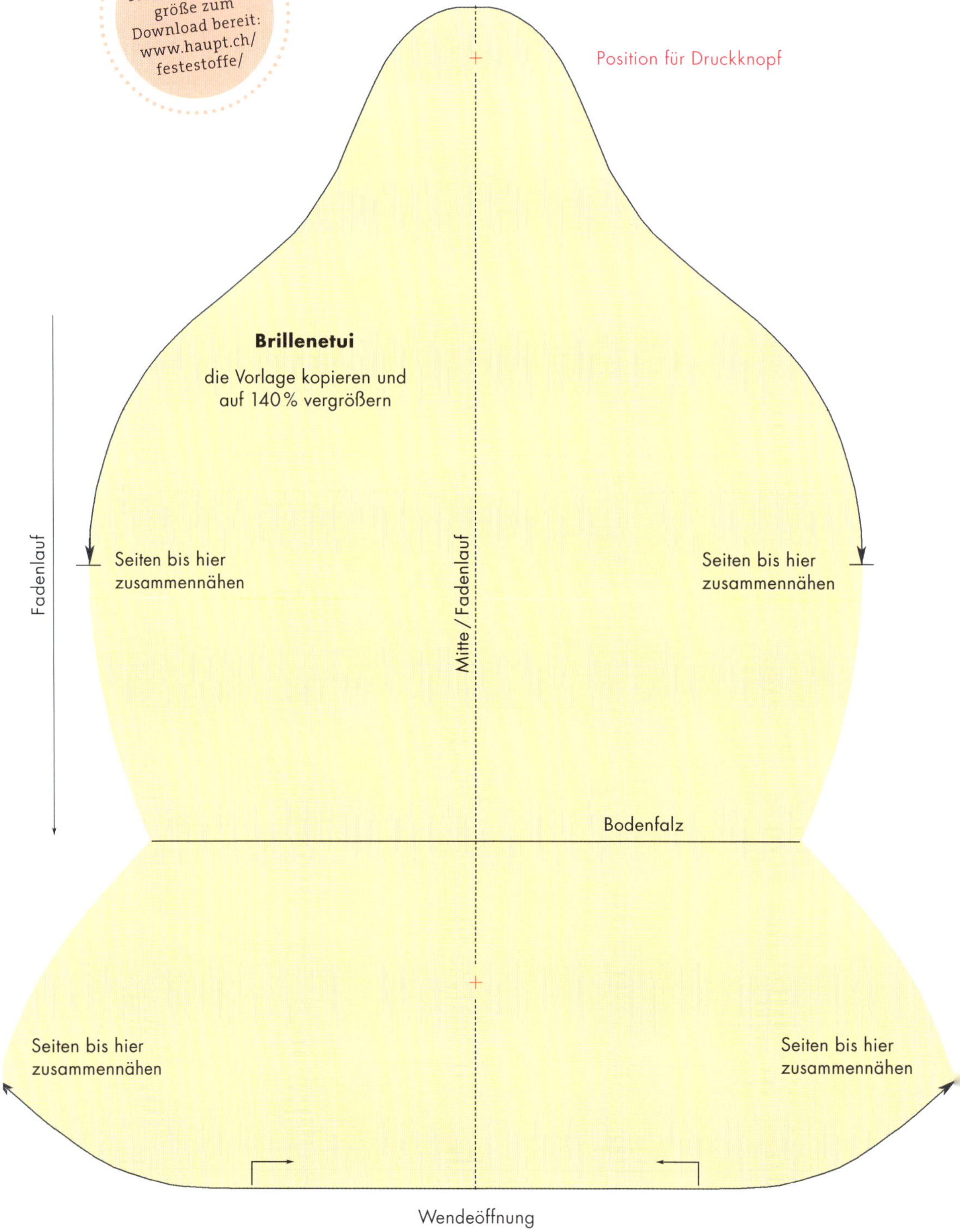

Schnittteile + Anleitung

1 Alle Teile wie angegeben zuschneiden und die Markierungen übertragen (oder wie beim Tipp beschrieben vorgehen und dann bei Schritt 5 weiternähen). Die Markierungen für den Verschluss können später direkt auf dem fertigen Etui angezeichnet werden.

2 Das Bügelvlies von links so auf das Futterteil aufbügeln, dass rundherum 1 cm NZG bleibt.

3 Das Außenteil r-a-r und kantenbündig auf das Futterteil heften. Die Teile rundherum von der Futterseite aus bis auf die Wendeöffnung zusammennähen.

4 Die NZG an den Rundungen auf 0,5 cm zurück- und einschneiden, an den Ecken abschrägen.

5 Das Etuiteil nach rechts wenden, Kanten ausformen und bügeln. Die NZG an der Öffnung einschlagen und das Teil rundherum abheften.

6 Das Etuiteil bis zu den Markierungen knappkantig absteppen (Ober- und Unterfaden sollten jeweils zu Außenstoff und Futter passen). Dabei wird die Öffnung geschlossen.

7 Mit (extrastarkem) Garn in Farbe des Futters Ziernähte steppen (z. B. längs mittig einen dreifachen Geradstich).

8 Die Positionen für den Druckknopf anzeichnen und diesen nach Herstelleranleitung anbringen. Das runde Lederstück auf die Rückseite des Druckknopfs im unteren Bereich des Etuis mit Leder- oder Textilkleber aufkleben.

9 Den unteren Bereich des Etuiteils nach oben klappen (linke Seite innen) und an den seitlichen Kanten von rechts bündig zusammenheften. Die Seitennähte knappkantig mit farblich passendem Garn schließen, Nahtanfang und -ende sichern.

Hüllen für Tablet und Smartphone

SCHWIERIGKEITSGRAD 1

Gut geschützt sind Tablet und Smartphone in diesen weich gepolsterten Hüllen. Sie können individuell an die Maße der digitalen Geräte angepasst werden.

Tablet-Hülle

Größe
20 cm x 28 cm (passend für ein Tablet der Größe 15,5 cm x 25,5 cm x 0,6 cm)

Schnitt anpassen
Sie können den Schnitt individuell auf Ihr Tablet anpassen, indem Sie dieses ausmessen und die Weitenzugaben (in der Schemazeichnung grün angegeben) dazurechnen.

Material
Außenstoff: schwerer oder mittelschwerer Canvas (stonewashed) in Khaki, 65 cm x 35 cm
Futterstoff: mittelschwerer oder leichter Canvas in Helltürkis, 65 cm x 35 cm
Volumenvlies zum Aufbügeln (3 mm dick), 65 cm x 35 cm
26 cm Klettverschluss in Khaki
Lederriemen oder Webband, 2 cm x 6 cm
optional: Gummibandrest für Stifthalterung
Nähgarn, farblich passend zum Außenstoff
Nähgarn, farblich passend zum Futterstoff
optional: extrastarkes Nähgarn, farblich passend zum Außenstoff

Schnittteile (siehe Schemazeichnung)
Außenstoff:
1 x Tablet-Hülle + 1 cm NZG zuschneiden
Futterstoff:
1 x Tablet-Hülle + 1 cm NZG zuschneiden
Volumenvlies:
1 x Tablet-Hülle ohne NZG zuschneiden

Nahtzugaben
Damit die Schnittteile für die Hüllen leichter angepasst werden können, enthalten die Maßangaben in der Schemazeichnung keine NZG. Teile wie oben angegeben zuschneiden.

TIPP

Schneiden Sie zunächst nur das Volumenvliesteil zu. Bügeln Sie es linksseitig auf den Futterstoff auf, um es als »Nähschablone« zu nutzen: dafür den Außenstoff r-a-r auf das Futter heften und genau entlang der Vlieskante nähen (Öffnung zum Wenden lassen). Erst dann das Stoffteil rundherum mit 1 cm NZG ausschneiden, diese an den Ecken abschrägen.

Schnittteile

Tablet-Hülle
1 x Außenstoff + NZG
1 x Futterstoff + NZG
1 x Volumenvlies ohne NZG

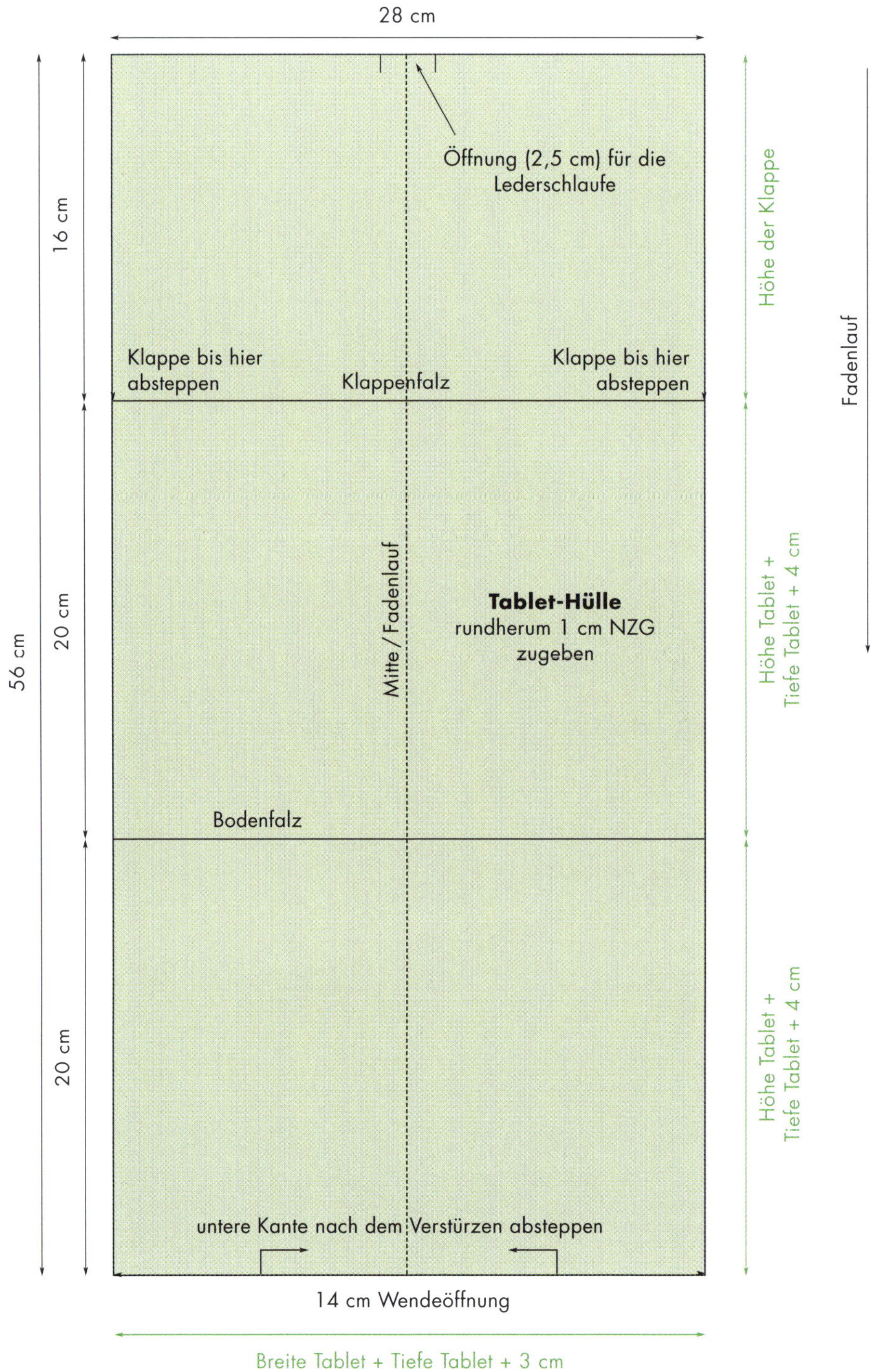

Smartphone-Hülle
1 x Außenstoff + NZG
1 x Futterstoff + NZG
1 x Volumenvlies ohne NZG

Dieser Schnitt steht in Originalgröße zum Download bereit: www.haupt.ch/festestoffe/

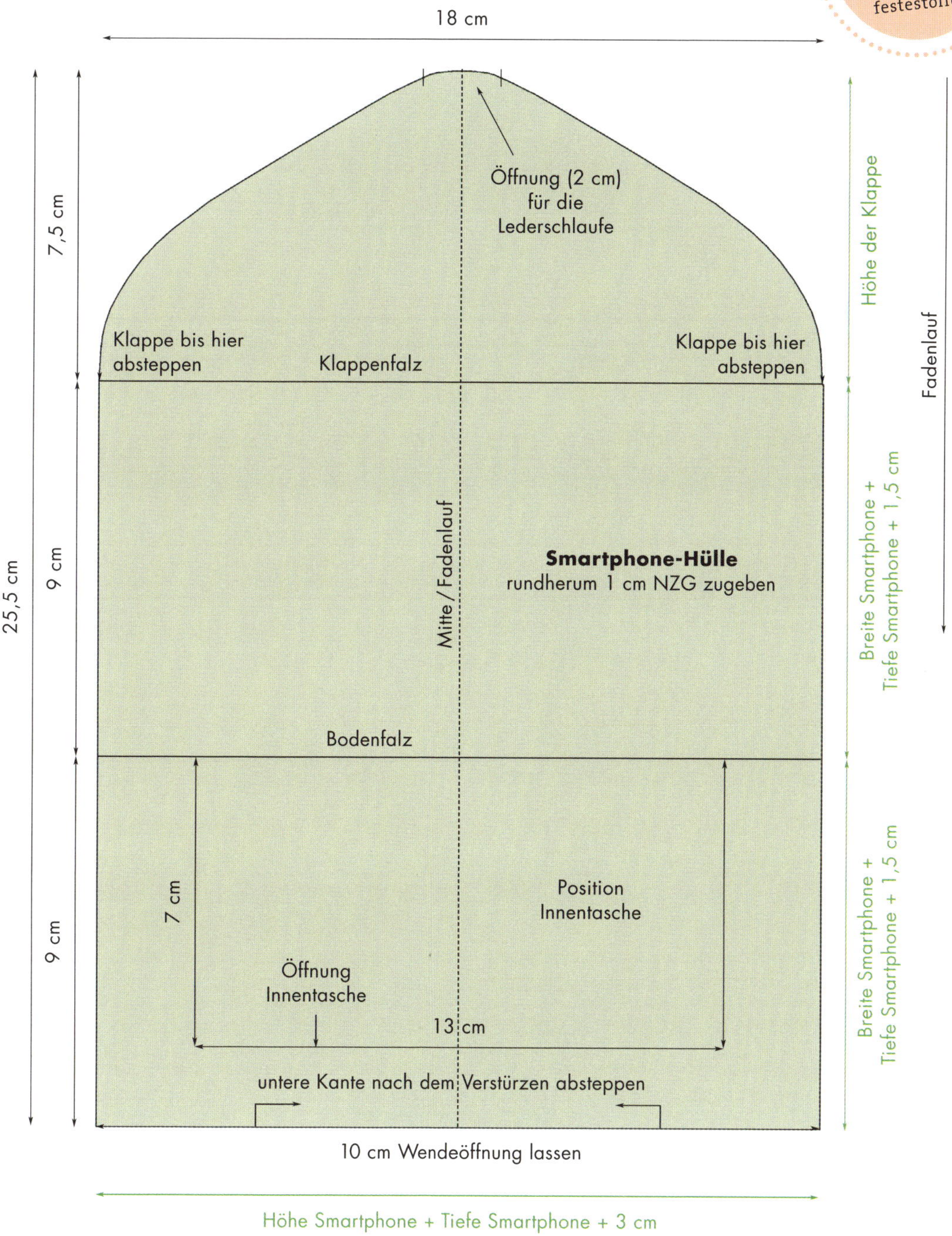

A

B

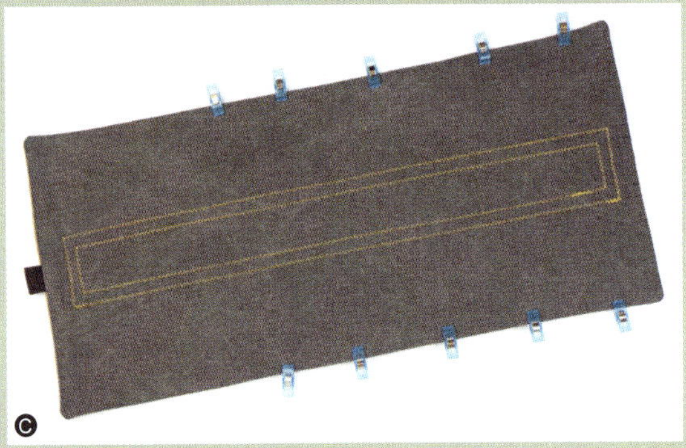

C

D

E

Anleitung

1 Alle Teile zuschneiden und die Markierungen übertragen (oder wie beim Tipp auf Seite 145 beschrieben vorgehen und dann bei Schritt 4 weiternähen). Die Position für den Klettverschluss wird später beim Nähen angezeichnet.

2 Das Vlies von links so auf das Futterteil aufbügeln, dass rundherum 1 cm NZG frei bleibt.

3 Das Außenteil r-a-r und kantenbündig auf das Futterteil heften. Die Teile von der Futterseite aus zusammennähen, dabei Öffnungen für die Schlaufe und zum Wenden lassen. Nahtanfang und -ende jeweils mit Rückstichen sichern. Die NZG an den Ecken abschrägen (A).

4 Das Hüllenteil nach rechts wenden, die Kanten ausformen und bügeln. Die NZG an der Wendeöffnung einschlagen und die Kanten rundherum abheften.

5 Den Riemen zur Schlaufe legen und (nach außen zeigend) in der kleinen Öffnung in der Klappe festheften. Das Gummiband zur Schlaufe legen (an den Tablet-Stift anpassen) und (nach außen zeigend) mittig in der Wendeöffnung festheften (B). Das Hüllenteil an der Klappe und der unteren Kante (siehe Markierungen) knappkantig absteppen (Ober- und Unterfaden sollten jeweils zu Außenstoff und Futter passen). Die Öffnungen werden hierbei geschlossen.

6 Mit Garn in der Futterfarbe beliebig Ziernähte steppen (z. B. längs mittig ein Rechteck mit Zickzack- oder einem dreifachen Geradstich oder mit extrastarkem Garn längs mittig eine Doppelnaht mit 2 cm Abstand). Nach Belieben an der Schlaufe ein Rechteck steppen(C).

7 Den Klettverschluss anbringen: Das Hakenband 1 cm unterhalb der Klappenkante mittig auf die Futterseite heften und (mit Garn in Farbe des Außenstoffs) feststeppen. Die Hülle auf die fertige Form zusammenklappen, um die Position für das Flauschband (gegenüber des Hakenbands) zu markieren. Dieses ebenfalls festnähen (D).

8 Den unteren Teil der Hülle markierungsgemäß nach oben klappen (linke Seite innen) und die Seiten von rechts kantenbündig zusammenheften. Die Seitennähte knappkantig von rechts (mit Garn in Farbe des Außenstoffs) schließen, Nahtanfang und -ende sichern (E).

Smartphone-Hülle

Größe
18 cm x 9 cm (passend für ein Smartphone der Größe 15 cm x 7,5 cm x 0,6 cm)

Schnitt anpassen
Sie können den Schnitt individuell auf Ihr Smartphone anpassen, indem Sie dieses ausmessen und die Weitenzugaben (in der Schemazeichnung grün angegeben) dazurechnen.

Material
Außenstoff: schwerer oder mittelschwerer Canvas (stonewashed) in Khaki, 30 cm x 22 cm
Futterstoff: mittelschwerer oder leichter Canvas in Helltürkis, 40 cm x 35 cm
Volumenvlies zum Aufbügeln (3 mm dick), 30 cm x 22 cm
4 cm Klettverschluss in Khaki
Lederriemen oder Webband, 1,5 cm x 5 cm
Nähgarn, farblich passend zum Außenstoff
Nähgarn, farblich passend zum Innenstoff
optional: extrastarkes Nähgarn, farblich passend zum Außenstoff

Schnittteile (siehe Schemazeichnung)
Außenstoff:
1 x Smartphone-Hülle + 1 cm NZG zuschneiden
Futterstoff:
1 x Smartphone-Hülle + 1 cm NZG zuschneiden
1 x Innentasche, 10 cm x 15 cm (1 cm NZG enthalten)
Volumenvlies:
1 x Smartphone-Hülle, ohne NZG zuschneiden

Nahtzugaben
Damit die Schnittteile für die Hüllen leichter angepasst werden können, enthalten die Maßangaben in der Schemazeichnung (bis auf die Innentasche) keine NZG. Teile wie oben angegeben zuschneiden.

Anleitung

1 Alle Teile wie angegeben zuschneiden (oder wie beim Tipp auf Seite 145 beschrieben vorgehen und dann bei Schritt 4 weiternähen) und die Markierungen übertragen. Die Position für den Klettverschluss wird später angezeichnet.

2 Das Vlies von links so auf das Futterteil aufbügeln, dass rundherum 1 cm NZG frei bleibt.

3 Das Außenteil r-a-r und kantenbündig auf das Futterteil heften. Die Teile von der Futterseite aus zusammennähen, dabei Öffnungen für die Schlaufe und zum Wenden lassen. Nahtanfang und -ende jeweils mit Rückstichen sichern. Die NZG an den Ecken abschrägen.

4 Die Hülle nach rechts wenden, die Kanten sorgfältig ausformen und bügeln. Die NZG an der Wendeöffnung einschlagen und die Kanten rundherum abheften.

5 Den Riemen zu einer Schlaufe legen und (nach außen zeigend) in der kleinen Öffnung in der Hüllenklappe festheften. Das Hüllenteil an der Klappe und der unteren Kante (siehe Markierungen) knappkantig absteppen (Ober- und Unterfaden sollten jeweils zu Außenstoff und Futter passen). Die Öffnungen werden hierbei geschlossen und die Schlaufe mitgefasst.

6 Mit Garn in der Futterfarbe beliebig Ziernähte steppen (z. B. längs mittig einen dreifachen Geradstich oder mit extrastarkem Garn längs mittig eine Doppelnaht mit 1,5 cm Abstand).

7 Den Klettverschluss anbringen: Das Hakenband 1 cm unterhalb der Klappenkante mittig auf die Futterseite heften und (mit Garn in Farbe des Außenstoffs) feststeppen. Die Hülle auf die fertige Form zusammenklappen, um die Position für das Flauschband (gegenüber des Hakenbands) zu markieren. Dieses ebenfalls festnähen.

8 Die obere Kante an der Innentasche doppelt (je 1 cm) nach links einschlagen, knappkantig feststeppen. Die restlichen NZG 1 cm nach links bügeln. Die Innentasche direkt am Bodenfalz mittig auf die Futterseite heften, dabei zeigt die Öffnung nach unten (zur Wendeöffnung). Knappkantig (mit Garn in Farbe des Außenstoffs) feststeppen.

9 Den unteren Teil der Hülle markierungsgemäß nach oben klappen (linke Seite innen) und an den Seiten von rechts bündig zusammenheften. Die Seitennähte von rechts knappkantig (mit Garn in Farbe des Außenstoffs) schließen, Nahtanfang und -ende gut sichern.

Stand | körbe

SCHWIERIGKEITSGRAD 1

Wer schon immer passende Behältnisse für Handarbeitssachen haben wollte, sollte sich Körbe wie diese nähen. Sie bringen Farbe und Ordnung in den Raum und sind ein schöner Blickfang.

Größe
großer Korb: Höhe 40 cm, Ø 35 cm
mittlerer Korb: Höhe 35 cm, Ø 31 cm
kleiner Korb: Höhe 26 cm, Ø 22 cm

Material
großer Korb: schwerer Canvas in Naturweiß, 130 cm x 140 cm
mittlerer Korb: schwerer gewachster Canvas in Puderrosa, 90 cm x 140 cm
kleiner Korb: schwerer gewachster Canvas in Graublau, 65 cm x 140 cm
2 Lederriemen à 2,5 cm x 26 cm (pro Korb, für die Tragegriffe)
8 Buchschrauben (pro Korb)
Nähgarn, farblich passend

Schnittteile (siehe Schemazeichnung)
großer Korb:
2 x Korpusteil, 42 cm x 112 cm
2 x rundes Bodenteil, 37 cm Ø

mittlerer Korb:
2 x Korpusteil, 37 cm x 101 cm
2 x rundes Bodenteil, 33 cm Ø

kleiner Korb:
2 x Korpusteil, 28 cm x 71 cm
2 x rundes Bodenteil, 24 cm Ø
1 x Außentasche, 21 cm x 65 cm

Nahtzugaben
Die Schnittteile enthalten bereits alle erforderlichen NZG. Wenn nicht anders angegeben, beträgt die NZG beim Nähen 1 cm.

TIPP

Sie können die Tragegriffe auch selbst aus stärkerem Leder zuschneiden oder dafür Gurtband verwenden. Die Körbe sehen auch mit selbst gefertigten Lederetiketten attraktiv aus (siehe »Hängekörbchen« auf Seite 38).

GROSSER KORB

2 x Korpusteil
42 cm x 112 cm

2 x Bodenteil
37 cm Ø

MITTELGROSSER KORB

2 x Bodenteil
33 cm Ø

2 x Korpusteil
37 cm x 101 cm

Fadenlauf für alle Stoffteile

Schnittteile

KLEINER KORB

2 x Bodenteil
24 cm Ø

2 x Korpusteil
28 cm x 71 cm

3 cm Taschenkante

1 x Außentasche
21 cm x 65 cm

Ledergriffe Lochung
an den Enden

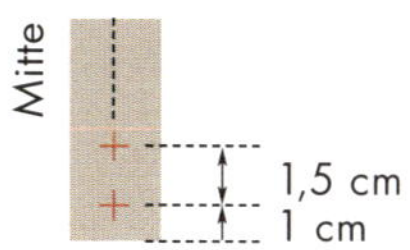

für jeden Korb

2 x Tragegriff
2,5 cm x 26 cm

Anleitung

1 Alle Teile zuschneiden und die Markierungen übertragen.

2 **Nur bei kleinem Korb:** Die Außentasche oben 3 cm nach links bügeln, Umschlag mit Zickzackstich feststeppen. Die restlichen NZG nach links bügeln. Die Tasche mittig und 2,5 cm von der unteren Kante auf ein Korpusteil (für die Außenseite) heften und knappkantig festnähen. Beliebig Längsteilungsnähte anzeichnen und steppen, sorgfältig mit Rückstichen sichern.

3 Jedes Korpusteil an den kurzen Kanten r-a-r zum Ring zusammenstecken. Die Seitennähte schließen, dabei am Teil für die Innenseite ca. 5 cm von der unteren Kante eine Wendeöffnung lassen (20 cm beim großen Korb, 18 cm beim mittleren und 15 cm beim kleinen). Die NZG auseinanderbügeln (gewachste Stoffe nur falzen).

4 Die Unterkanten der Korpusteile und die Böden in Viertelstrecken einteilen. Jeweils ein Korpusteil mithilfe der Markierungen gleichmäßig r-a-r an einen Boden heften und festnähen. Die NZG einschneiden.

5 Äußeres und inneres Korbteil r-a-r ineinanderschieben und an den oberen Kanten zusammenstecken und -nähen. Die Korbteile dann auseinanderziehen und die NZG auseinanderbügeln. Den Korb durch die Öffnung wenden und diese knappkantig mit der Maschine oder mit Handstichen schließen. Die Teile l-a-l ineinanderziehen.

6 Die obere Kante ausformen, bügeln (gewachste Stoffe nur falzen) und abheften. Dann rundherum in einem Kantenabstand von 3 cm sowie 3,5 cm absteppen.

7 An den Riemen markierungsgemäß (siehe Seite 155) Löcher stanzen.

8 Den Korb oben flachlegen, dabei befinden sich Längsnaht und Korbmitte genau an den Seiten. Dann oben jeweils die Mitte kennzeichnen, von dieser jeweils 4 cm nach beiden Seiten markieren. Die Tragegriffe außen an diese Markierungen anlegen (die Enden treffen auf die Steppnaht der Oberkante) und die Lochungen am Korb durchzeichnen, dann stanzen.

9 Jeweils den unteren Teil der Buchschraube von innen durch die Stoffkante stecken, den Riemen von außen passgenau auf die Lochung legen und mit dem Schraubenoberteil befestigen (siehe Seite 31).

TIPP

Wenn Sie die Körbe häufig tragen und schwer befüllen möchten, sollten Sie vor dem Nähen die Positionen für die Lochungen markieren und von links mit Bügelpunkten verstärken.

Einfache Umschlag tasche

SCHWIERIGKEITSGRAD 1

Die lässige Umhängetasche ist ein perfekter Alltagsbegleiter und zudem einfach zu nähen. Das Lederlabel einer ausgedienten Jeans verleiht der Tasche eine individuelle Note.

Größe
Höhe 28 cm, Breite 38 cm

Material
gewachste Baumwolle in Grün,
100 cm x 40 cm
Das Taschenteil kann auch quer zum Fadenlauf zugeschnitten werden, dann reichen 40 cm Stoff (bei Meterware).
Lederriemen (3 mm stark) in Dunkelbraun,
2,5 cm x 130 cm
Nappalederrest in Dunkelbraun (ca. 1,5 mm stark), Maß siehe Schnittteile
optional: Lederlabel (von einer alten Jeans)
4 Buchschrauben
2 D-Ringe (2,5 cm Innenmaß)
2 Taschenkarabiner (2,5 cm Innenmaß)
Nähgarn, farblich passend
Alleskleber oder Lederkleber
Nähmaschinennadel für Leder

Nähte mit Lederteilen mit der Ledernadel nähen!

Schnittteile
gewachste Baumwolle:
1 x Taschenteil, 100 cm x 40 cm

Nappaleder:
2 x Laschenteil, 2,5 cm x 7 cm
1 x Label, 5 cm x 5 cm (oder Jeanslabel)

Nahtzugaben
Die Schnittteile enthalten bereits alle erforderlichen NZG und SZG. Wenn nicht anders angegeben, beträgt die NZG beim Nähen 1 cm.

Anleitung

1 Alle Teile wie angegeben zuschneiden und die langen Kanten des Taschenteils versäubern.

2 Jeweils ein Laschenteil um einen D-Ring legen, an den Enden bündig zusammenkleben. Je eine Buchschraube unterhalb der D-Ringe anbringen.

3 Das Taschenteil quer mittig zusammenklappen (rechte Seite innen) und an den Seiten zusammenheften. Dort von oben jeweils 17,5 cm innerhalb der NZG markieren. Die Laschen (mit den D-Ringen nach innen) mittig an den Markierungen zwischen die Lagen schieben und festheften, alle Kanten liegen dabei bündig. Die Seitennähte schließen, dabei werden die Laschen mitgefasst.

4 Die Nahtzugaben auseinanderfalzen (bei nicht gewachsten Stoffen bügeln). Dann Bodenabnäher in 4 cm Abstand zur Eckenspitze steppen (siehe Seite 35).

5 Die obere Taschenkante 4 cm nach links falzen, davon die NZG 1 cm einschlagen und knappkantig feststeppen.

6 Die Tasche nach rechts wenden. Das Lederlabel dann an der entsprechenden Umschlagseite mittig und 2 cm überstehend auf den Taschenrand heften, im Rechteck und über Kreuz feststeppen.

7 Aus dem Riemen, den Karabinern und den Buchschrauben einen in der Länge passenden Schulterriemen fertigen (siehe Seite 29). Den Riemen mit den Karabinern in die D-Ringe der Tasche einhaken.

TIPP

Für den Schulterriemen können Sie auch Gurtband (2,5 cm breit) verwenden, die eingeschlagenen Enden befestigen Sie nicht mit einer Buchschraube, sondern steppen Sie diese im Quadrat und über Kreuz fest.

Einkaufs | tasche

SCHWIERIGKEITSGRAD 1

Ob für den Einkauf auf dem Wochenmarkt oder für Picknicksachen – diese praktische und stabile Tasche mit vielen Fächern transportiert alles, was luftig verstaut werden soll.

Größe
Höhe 28 cm, Breite 38 cm, Tiefe 12 cm

Material
schwerer gewachster Canvas in Dunkelblau, 70 cm x 140 cm
30 cm Gurtband (4 cm breit) in Dunkelblau
2 D-Ringe (4 cm Innenmaß)
2 Lederriemen (ca. 2,5 mm stark), 2,5 cm x 35 cm in Hellbraun
8 Buchschrauben
2 m Fischgrätband (2,5 cm breit)
7 cm Klettverschluss
Nähgarn, farblich passend
extrastarkes Nähgarn in Curry

Hinweis
Die Lochungen werden hier nicht verstärkt, da der Stoff stabil genug ist. Bei dünneren gewachsten Stoffen können kleine Lederscheiben beim Befestigen der Buchschraube auf der Tascheninnenseite zwischengelegt werden.

Für den Schultergurt
2 m Gurtband (4 cm breit)
2 Taschenkarabiner (4 cm Innenmaß)
1 Leiterschnalle (4 cm Innenmaß)

Schnittteile (siehe Schemazeichnung)
schwerer gewachster Canvas:
2 x Korpusteil, 27 cm x 40 cm, Ecken unten abrunden
1 x Seitenteil, 14 cm x 87 cm
1 x Innentasche, 23 cm x 40 cm, untere Ecken abrunden
1 x Außentasche, 23 cm x 40 cm, untere Ecken abrunden
1 x Einfassung für obere Kante, 12 cm x 102 cm

Nahtzugaben
Die Schnittteile enthalten bereits alle erforderlichen NZG. Wenn nicht anders angegeben, beträgt die NZG beim Nähen 1 cm.

TIPP

Für einen festen und waschbaren Standboden schneiden Sie aus fester Pappe, Plexiglas oder Kunststoff ein Rechteck mit 12 cm x 38 cm zu und nähen dafür eine Hülle aus einem waschbaren Stoffrest: Dafür zwei Teile mit 14 cm x 42 cm zuschneiden, versäubern, dann r-a-r an den Seiten und unten zusammennähen. Nach rechts wenden und die Verstärkung einschieben. Den oberen Rand nach innen einschlagen.

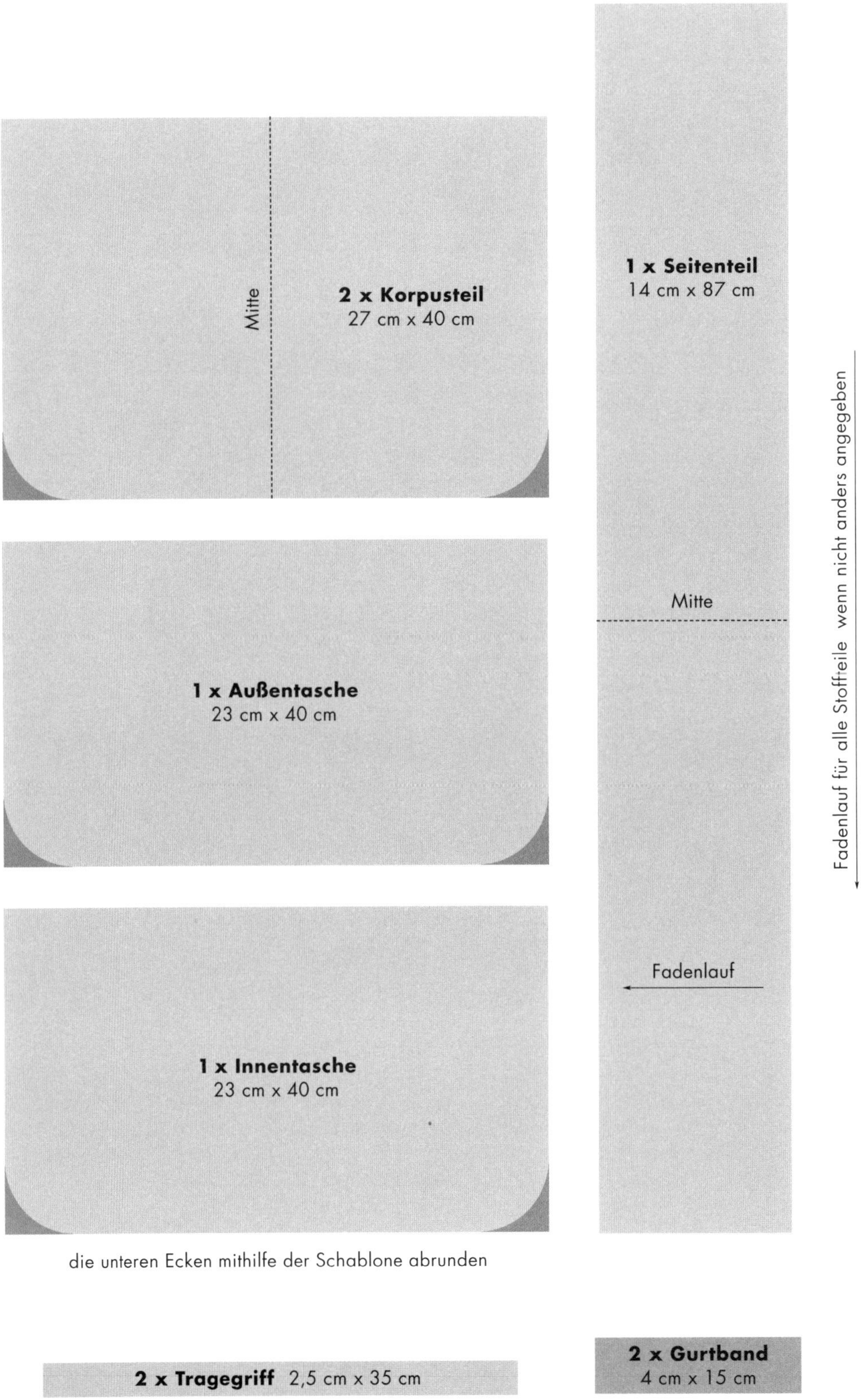
2 x Korpusteil
27 cm x 40 cm
Mitte
1 x Seitenteil
14 cm x 87 cm
Mitte
Fadenlauf
Fadenlauf für alle Stoffteile wenn nicht anders angegeben
1 x Außentasche
23 cm x 40 cm
1 x Innentasche
23 cm x 40 cm
die unteren Ecken mithilfe der Schablone abrunden
2 x Tragegriff 2,5 cm x 35 cm
2 x Gurtband
4 cm x 15 cm

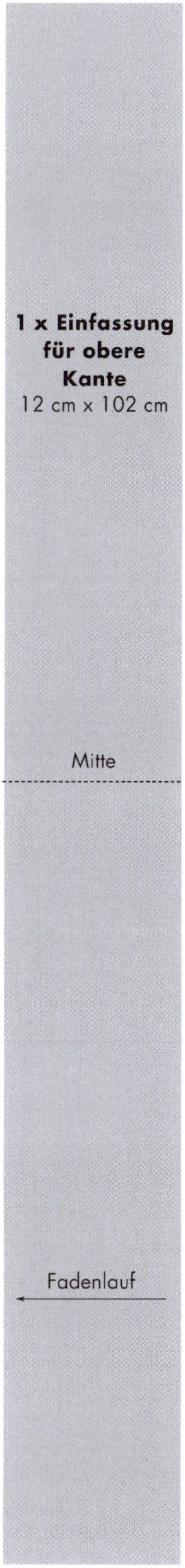

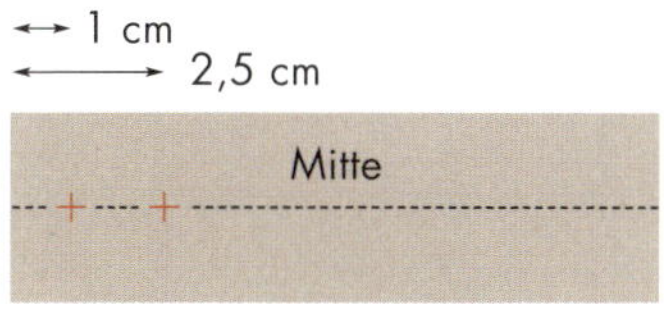

Position für die Lochungen an den Enden der Lederriemen

Schablone / Rundung
Originalgröße

Schnittteile + Anleitung

1 Alle Teile zuschneiden und die Markierungen übertragen. Das dunkelblaue Gurtband halbieren, die Enden versäubern.

2 Die obere Kante der Außentasche doppelt (je 1 cm) nach rechts einschlagen, heften und knappkantig mit dem extrastarken Garn feststeppen. Die Außentasche l-a-r und bündig mit der unteren und den seitlichen Kanten auf ein Korpusteil (spätere Vorderseite) heften und innerhalb der NZG feststeppen. Beliebig Längsteilungen markieren und mit dem extrastarken Garn steppen, Nahtanfang und -ende sorgfältig mit Rückstichen sichern.

3 Die obere Kante der Innentasche doppelt (je 1 cm) nach rechts einschlagen, heften und knappkantig mit dem extrastarken Garn feststeppen. Den Klettverschluss befestigen: Das Hakenband quer mittig und direkt unterhalb der Steppnaht von links auf die Innentasche nähen. Diese l-a-l und bündig mit der unteren und den seitlichen Kanten an das andere (rückwärtige) Korpusteil heften. Innerhalb der NZG feststeppen. Das Flauschband passgenau zum Hakenband innen auf das (rückwärtige) Korpusteil heften und feststeppen.

Auch zum Verstauen und Transportieren von Werkzeugen ist diese Tasche sehr praktisch.

4 Das Seitenteil r-a-r an das vordere Korpusteil heften (A) und vom Seitenteil aus festnähen. Die Außentasche wird an der NZG mitgefasst. Die NZG mit Fischgrätband versäubern (siehe Seite 34) (B).

5 Das Seitenteil auf die gleiche Weise nun r-a-r an das rückwärtige Korpusteil nähen. Die Innentasche wird dabei an der NZG mitgefasst. Die NZG ebenfalls mit Fischgrätband versäubern.

6 Den Einfassungsstreifen an den kurzen Kanten r-a-r zum Ring zusammennähen. Die NZG auseinanderfalzen. Den Streifen r-a-l bündig an die obere Taschenkante heften, die Naht trifft auf die Mitte des rückwärtigen Korpusteils. Streifen festnähen, die NZG nach oben falzen.

7 Den Streifen um die Taschenkante nach rechts klappen, 1 cm nach innen falten und so festheften, dass die Ansatznaht knapp überdeckt wird (dabei die NZG an den Längsnähten in Richtung der Seitenteile legen). Die Gurtbandstücke mittig an den Seitenteilen 1 cm unter den Umschlag schieben (nach unten hängend) und festheften. Streifen knappkantig mit extrastarkem Garn feststeppen, dabei die Bänder mitfassen.

8 Die D-Ringe auf die Gurtbänder schieben, diese nach oben um die Kante auf die Tascheninnenseite umschlagen und festheften (oben mit 0,5 cm Spielraum für die D-Ringe). Bänder innen an den Enden einschlagen und an den Seitenteilen festheften, im Rechteck und über Kreuz mit extrastarkem Garn feststeppen. Die Bänder dann noch mit dem normalen Garn oben am D-Ring 1 cm unterhalb der Taschenkante durch alle Lagen feststeppen (C).

9 In die Riemen gemäß Markierung (siehe Seite 165) Löcher stanzen.

10 Die Lochungen oben am Taschenrand folgendermaßen markieren: Von der Mitte des vorderen und rückwärtigen Korpusteils aus jeweils 6 cm nach links und rechts messen und Position anzeichnen.

11 Die Riemen so an die Markierungen anlegen, dass die Enden 0,5 cm über der Steppnaht liegen, dann die Lochungen an der Tasche durchzeichnen und ausstanzen. Die Tragegriffe mithilfe der Buchschrauben an der Tasche befestigen.

12 Den Schultergurt wie auf Seite 28 beschrieben anfertigen, dann kann er an den D-Ringen der Tasche eingehakt werden.

Anhang

Glossar

Abkürzungen

RV = Reißverschluss
NZG = Nahtzugabe
SZG = Saumzugabe
r-a-r = rechts auf rechts
l-a-l = links auf links
r-a-l = rechts auf links
l-a-r = links auf rechts

Ahle / Pfriem

Diese kommt bei der Verarbeitung von Leder zum Einsatz. Man kann damit Markierungen (z. B. für Lochungen) übertragen oder auch kleinere Löcher ins Leder stechen.

Bügeln

Auch wenn dieser Arbeitsgang nicht immer extra erwähnt ist, sollte er obligatorisch sein. Eine gut ausgebügelte Naht lässt sich einfacher weiterverarbeiten, denn so können Ungenauigkeiten und Fältchen vermieden werden. Nähte werden am besten von links ausgebügelt, um Glanzspuren im Stoff zu vermeiden. Beim Aufbügeln von Vlieseinlage sollte ein Tuch auf das Bügelbrett gelegt werden, damit kein Kleber haften bleibt.
Leder und gewachste Stoffe dürfen nicht gebügelt werden. Säume können bei gewachsten Materialien mit dem Fingernagel oder einem Falzbein gefalzt und bei Leder mit Textilklebeband oder etwas Klebstoff fixiert werden.

Bügelpunkte / Vliespunkte

Bügelpunkte funktionieren wie aufbügelbare Vlieseinlage und dienen der linksseitigen Verstärkung von Stoffteilen, an denen eine Öse, Niete oder Buchschraube angebracht wird. Sie sind weich und flexibel und leicht in der Handhabung. Alternativ können kleine Quadrate oder Scheiben aus fester (aufbügelbarer) Vlieseinlage selbst zugeschnitten werden. Wenn der Stoff nicht gebügelt werden darf, fixiert man die Punkte mit etwas Textilkleber (sicherheitshalber zuerst an einem Stoffrest ausprobieren).
Alternativ kann ein Bügelpunkt oder ein kleines Stück Stoff beim Befestigen von Metallteilen auch lose zwischen die Lagen gelegt werden. Nicht bei allen Projekten in diesem Buch ist es nötig, die Lochungen mit Bügelpunkten zu verstärken, da bei dicken Stoffen z. B. bereits durch fest angebrachte Buchschrauben ein Ausfransen verhindert wird.

Doppelt absteppen

Dabei steppt man das Stoffteil, meist an einer Naht, von der rechten Seite erst knappkantig, dann (in der Regel) füßchenbreit ab. Eine Doppelsteppnaht setzt Akzente und wird gern mit kontrastfarbigem Garn genäht. Sie verleiht einer Naht Stabilität.

Endlosreißverschluss mit Wäschezipper

Dieser ist als Meterware erhältlich und eine günstige Alternative zum Reißverschluss in vorgefertigter Länge. Wegen der begrenzten Farbauswahl ist er am besten für verdeckte Verschlussvarianten geeignet. Bei Kissenhüllen ist außerdem ein Wäschezipper empfehlenswert, der nur einen Schiebekörper und keine Griffplatte hat und somit sehr unauffällig ist.

Extrastarkes Nähgarn

Stabiler als die Allesnähergarne der Stärken 100 oder 120 ist extrastarkes Nähgarn aus Polyester. Es ist in den Stärken 30, 40 und 80 (je niedriger die Zahl, desto dicker das Garn) erhältlich und ideal zum Nähen von schweren

Stoffqualitäten, die im Gebrauch stark beansprucht werden. Dieses Garn kann meist noch mit einer Haushaltsnähmaschine und Nadeln der Stärken 90–110 verarbeitet werden. Allerdings sollte es nur als Oberfaden eingesetzt werden, da die Fadenspannung sonst sehr genau justiert werden muss, damit sich keine Schlaufen bilden. Für den Unterfaden genügt Allesnähergarn, das auch für alle anderen Nähte und zum Versäubern von Kanten verwendet wird.

Fadenlauf
Der Fadenlauf verläuft parallel zur Webkante eines Stoffes und zeigt die Richtung der Kettfäden an. Schnittvorlagen sollten für den Zuschnitt, wenn nicht anders angegeben, immer im Fadenlauf auf den Stoff aufgelegt werden, da die Stoffeigenschaften (Fall, Dehnbarkeit, Lichtbrechung) sich in anderer Richtung ändern. Daneben gibt es auch den Zuschnitt im schrägen Fadenlauf (im 45-Grad-Winkel) – wie bei Schrägstreifen, die dadurch dehnbar werden.

Füßchenbreit absteppen
Dabei läuft die rechte Nähfußkante beim Absteppen exakt entlang der Stoffkante oder einer bereits vorhandenen Naht.

Gurtbandenden versäubern
Die Enden von Gurtbändern sollten gleich nach dem Zuschnitt versäubert werden, da sie schnell ausfransen. Bei Gurten aus Kunstfasern können die Enden vorsichtig mit einem Feuerzeug abgeflammt werden, damit die Fasern verschmelzen. Baumwollgurte versäubert man am besten mit engem Zickzackstich oder man schlägt die Enden doppelt ein und steppt sie fest.

Heften
Dabei werden Schnittteile, die zusammengenäht werden sollen, aufeinandergelegt und mit längeren Handstichen und Heftgarn fixiert, damit sie nicht verrutschen. Gerade Schnittkanten können auch nur mit Stecknadeln zusammengehalten werden. Sie werden in entsprechendem Abstand quer oder längs zur Naht durch beide Stofflagen gesteckt und kurz vor dem Übernähen an der Maschine entfernt. Zum Fixieren von schweren Stoffqualitäten, vor allem beschichteten Materialien und Leder, die durch Stecknadeln perforiert würden, eignen sich Stoffklammern gut.

Keder
Der Wulst an einem Paspelband, der durch eine eingelegte Kordel entsteht.

Klettverschluss / Klettband
Der Klettverschluss besteht aus zwei Bändern, dem Flauschband und dem Hakenband, die an Projekten wie Taschen passgenau gegenüberliegend angenäht werden. Klettband ist in unterschiedlichen Farben als Meterware erhältlich.

Knappkantig absteppen
Dabei steppt man ca. 1–2 mm neben der Stoffkante oder einer bereits vorhandenen Naht.

Kreidestift / Kreideminenstift
Ein Schneiderkreidestift sieht einem Buntstift ähnlich und hat eine feste Mine. Er lässt sich anspitzen, und Linien können mit der Löschbürste leicht wieder entfernt werden.
Eine Variante ist der Kreideminenstift mit Radiermine und nachfüllbaren Minen, der sich handhaben lässt wie ein Druckbleistift. Mit seiner feinen Spitze gelingen sehr präzise Linien, die sich auch wieder auswaschen lassen (zuvor an einem Stoffrest ausprobieren).

Kreisformel (zum Anpassen von Schnitten mit runden Teilen)
Wenn ein rundes Bodenteil (z. B. für Stoffkörbe) in der Größe verändert wird, muss das zugehörige Korpusteil in der Länge angepasst werden.

Der Umfang kann mit der vereinfachten Kreisformel ermittelt werden:
Umfang = Kreisdurchmesser (ohne NZG) x 3,14
Dieses Maß entspricht der Länge des Korpusteils (ohne NZG), das an den Boden genäht wird.

Kreis zeichnen (für runde Schnittteile)
Zum Zeichnen eines großen Kreises (z. B. für Bodenteile) kann man auf runde Haushalts-

gegenstände zurückgreifen, die sich gut für Kreisschablonen eignen, wie Teller, Tablett, Papierkorb, Lampenfuß etc. Das Kreismaß lässt sich vergrößern oder verkleinern, indem man mit dem Maßband oder Geodreieck an der Kreislinie rundherum strahlenförmig den fehlenden oder ergänzenden Betrag anzeichnet. Wenn die Markierungen eng genug gesetzt sind, kann die neue Kreisform anschließend einfach ausgeschnitten werden.
Alternativ kann man auch einen festen Faden an einen Stift binden, den Kreisradius auf dem Faden abmessen und mit einem Knoten markieren. Diesen fixiert man anschließend mit einer Stecknadel am Papier oder Stoff. Mit diesem »Handmade«-Zirkel gelingt ebenfalls ein perfekter Kreis.

Ledernadel
Ledernadeln für die Nähmaschine sowie zum Handnähen sind keilförmig und haben eine scharfe Spitze, wodurch verhindert wird, dass an den Nähten Löcher entstehen.

Lederpaspel
Paspelband aus Leder ist als Meterware erhältlich, man kann es auch selbst herstellen. Es wird zwischen Nähten mitgefasst und dient dort als Verstärkung sowie als Dekoration. Eine Lederpaspel besteht aus einem dünnen Lederstreifen und einer darin eingenähten Kordel, die den typischen Wulst (Keder) bildet. Beim Festnähen sollte ein Reißverschlussfuß verwendet werden, um dicht am Keder steppen zu können.

Linke Stoffseite / linke Seite
Rückseite bei Materialien wie Webware, Maschenware, Leder, die (meist) vernäht werden.

Links auf links
Zwei Schnittteile oder Werkstücke werden mit den linken Seiten aufeinandergelegt und verarbeitet, die rechten Seiten zeigen nach außen.

Links auf rechts
Zwei Schnittteile oder Werkstücke werden so aufeinandergelegt und verarbeitet, dass das erstgenannte Teil mit der linken Stoffseite auf der rechten Stoffseite des zweiten Teils liegt.

Lochzange
Damit können exakte Löcher in verschiedenen Größen in Stoff und Leder gestanzt werden, um darin Nieten, Ösen, Druckknöpfe oder Buchschrauben anzubringen. Auch Lochungen für Schnallen stanzt man mit einer Lochzange.

Markieren
Um Markierungen vom Schnittmuster auf Stoff zu übertragen, kann man Schneiderkreide, Markierstifte und Stifte mit feiner Kreidemine verwenden. Stark gewachste Stoffe (Oilskin und Waxed Cotton) markiert man am besten mit feinen Kreideminenstiften. Linien lassen sich bei diesen Stoffen auch gut mit dem Fingernagel, Falzbein oder der Geodreieckspitze ziehen.

Markierstift und Trickmarker
Markierstifte eignen sich zum Aufzeichnen exakter Linien auf Stoff. Trickmarker sind wasserlöslich oder selbstlöschend (durch Lichteinstrahlung). Dennoch sollte man sie nur an Stellen einsetzen, die später nicht sichtbar sind.

Nach links bügeln
Ein Schnittteil an einer Kante (Naht- oder Saumzugabe) so umbügeln, dass die linke Stoffseite innen im Umschlag liegt. Für saubere Kantenabschlüsse wird die Zugabe oft doppelt eingeschlagen: Dafür die spätere Saumkante (Saumzugabe) von links an einigen Stellen mit Kreide anzeichnen und das Nähgut mit der rechten Seite nach unten auf den Bügeltisch legen. Die markierte Kante bildet die Saumkante. Die Zugabe bis zur Markierung umbügeln, dann den Umschlag nach innen einschlagen. Mit etwas Übung gelingt das während des Bügelns auch ohne Anzeichnen nur mithilfe des Maßbandes.

Nähgarn
Die Qualität des Nähgarns hat großen Einfluss auf das Stichbild, das Nähergebnis und die Haltbarkeit des Nähguts. Billige Garne reißen leichter als Qualitätsgarne und sind oft nicht sonderlich strapazierfähig. Außerdem haben sie meist eine rauere Oberfläche, wodurch beim Nähen Schlingen entstehen können und sich die Fadenspannung nicht richtig einstellen lässt.

Naht mit Rückstichen sichern
Nähte sollten stets am Anfang und am Ende mit Rückstichen gesichert werden, damit sich die Stiche nicht wieder auflösen. Dabei wird an der Stoffkante zunächst ca. 0,7 cm vorwärts genäht, dann zurück bis an den Nahtanfang und wieder vorwärts, bis zum Ende der Naht. Dort näht man wieder ca. 0,7 cm rückwärts und dann vorwärts bis zur Kante. Die Fadenenden abschneiden.

Naht verriegeln
Das Sichern einer Naht mit Rückstichen (siehe dort). An stark beanspruchten Stellen von Kleidung, wie an Gesäß- oder Brusttaschen oder an Reißverschlüssen, können Nähte auch mit schmalen, engen Zickzackstichen verriegelt werden, damit sie nicht ausreißen. Solche Riegel (wie sie für Jeans typisch sind) können auch als Ziernähte eingesetzt werden.

Nahtzugabe
Die Nahtzugabe bezeichnet den Abstand zwischen Nählinie und Schnittkante. Bei den Projekten in diesem Buch sind alle erforderlichen Nahtzugaben größtenteils bereits in den Schnittzeichnungen und den angegebenen Maßen enthalten. Sie betragen hier in der Regel 1 cm, wenn nicht anders angegeben.

Nahtzugaben zurückschneiden
Damit Stoffteile nach dem Verstürzen (siehe dort) flach aufeinanderliegen und sich an den Kanten keine Verdickungen oder Falten bilden, werden die Nahtzugaben vor dem Wenden der Teile zurückgeschnitten. Außenecken schrägt man bis ca. 2 mm vor der Naht ab. Nahtzugaben an Innenrundungen werden bis knapp vor der Naht mehrmals eingeschnitten, je enger die Rundung, desto öfter. Bei Außenrundungen schneidet man aus der Nahtzugabe kleine Kerben heraus (ebenfalls bis ca. 2 mm vor der Naht). Damit die Nahtzugabe am fertigen Stück nicht aufträgt, kann sie nach dem Nähen auch insgesamt auf ca. 5 mm zurückgeschnitten werden.

Polystyrolkügelchen
Polystyrolkügelchen oder EPS-Perlen sind als Füllmaterial für Sitzsäcke oder Sitzhocker sehr gut geeignet, da sie einen besseren und festeren Sitzkomfort bieten als gewöhnliche Kissenfüllungen.

Rasterpapier
Schnittmusterpapier zum Abpausen von Schnittteilen gibt es in diversen Varianten. Dieses ist kräftig und strapazierfähig; dank der metrischen Rasterung können einfache geometrische Formen leicht und präzise aufgezeichnet werden. Rasterpapier ist als Bogen oder auf der Rolle erhältlich.

Rechte Stoffseite / rechte Seite
Vorderseite bei Materialien wie Webware, Maschenware, Leder, die (meist) vernäht werden.

Rechts auf links
Zwei Schnittteile oder Werkstücke werden so aufeinandergelegt und verarbeitet, dass das erstgenannte Teil mit der rechten Stoffseite auf der linken Stoffseite des zweiten Teils liegt.

Rechts auf rechts
Zwei Schnittteile werden mit den rechten Stoffseiten aufeinandergelegt, die linken Stoffseiten zeigen nach außen. Für den Zuschnitt faltet man den Stoff in der Regel mit der rechten Seite nach innen in den Bruch, dadurch bekommt man spiegelgleiche (gegengleiche) Schnittteile (beim

Nähen von Kleidung enorm wichtig, da z. B. Ärmel meist nicht symmetrisch geformt sind).

Reißverschluss
In unterschiedlichen Ausführungen, Längen und Breiten erhältlich. Bei den Nähprojekten in diesem Buch wurden nicht teilbare Reißverschlüsse verarbeitet, je nach Verwendung mit Metall- oder Kunststoffzähnchen. Für Kissenhüllen und kleine Taschen eignen sich auch Spiralreißverschlüsse, die in etwas kleinerer Farbauswahl auch vom Meter erhältlich sind. Die dazugehörigen Zipper gibt es in unterschiedlichen Formen; so empfiehlt sich etwa ein Wäschezipper ohne Griff bei Reißverschlüssen, die am Objekt möglichst nicht sichtbar sein sollen (z. B. bei Kissenhüllen oder Sitzhockern).

Reißverschluss einnähen
Für die Projekte in diesem Buch wurden einfache und manchmal auch unkonventionelle Methoden zum Einnähen des Reißverschlusses gewählt, mit denen auch Nähanfänger zurechtkommen. Zunächst setzt man den Reißverschlussfuß in die Nähmaschine ein, er ist normalerweise in der Grundausstattung enthalten. Den Reißverschluss näht man einige Zentimeter fest, dann hebt man den Nähfuß an (Nadel bleibt im Stoff), um den Reißverschluss-Schieber nach oben (Richtung Nahtanfang) zu ziehen. Danach senkt man das Füßchen wieder und näht weiter (siehe auch Grundlagenteil, Seite 32).

Riegel
Mehrfach übereinander gesetzte, enge Vor- und Rückstiche oder eng genähte Reihen von schmalen Zickzackstichen an sehr beanspruchten Stellen wie an Tascheneingriffen.

Rückstiche / mit Rückstichen sichern
Nahtanfang und Nahtende werden in der Regel mit ein paar Rückstichen gesichert, um ein Auftrennen zu verhindern. Erst danach werden Ober- und Unterfaden abgeschnitten. Man näht dafür einige Stiche vorwärts, betätigt die Rückwärtstaste und näht auf derselben Naht dieselbe Anzahl an Stichen rückwärts. Dann wird die eigentliche Naht genäht und am Ende wieder ein kleines Stück rück- und vorwärts gesteppt.

Saumzugabe
Der Saum bildet meist den Abschluss von Kleidungsstücken (z. B. an Ärmeln oder unteren Kanten); die Saumzugabe bezeichnet den Bereich zwischen Saumlinie und Schnittkante, der nach innen eingeschlagen und dann festgenäht wird. Für einen doppelt eingeschlagenen Saum muss beim Zuschnitt entsprechend mehr Zugabe eingerechnet werden. Bei den Projekten in diesem Buch ist eine Saumzugabe nur an einigen Taschen vorgesehen, siehe jeweilige Anleitung.

Schrägband / Schrägstreifen
Schrägband ist ein Stoffstreifen, der diagonal zum Fadenlauf zugeschnitten wird und dadurch eine stärkere Dehnbarkeit als ein gerade zugeschnittener erhält. Daher eignet sich Schrägband sehr gut zum Einfassen von gerundeten Kanten. Im Handel sind vorgefalzte Schrägbänder erhältlich, die sich für viele Zwecke eignen. Bei Bedarf kann man aus dem Grundstoff einen farblich passenden Schrägstreifen für das jeweilige Projekt zuschneiden und die Kanten gegebenenfalls mithilfe eines Schrägbandformers falzen.

Stoffbruch
Für den Zuschnitt wird der Stoff in der Regel mittig gefaltet und an den Webkanten bündig aufeinandergelegt. Die Kante, die dabei am Falz entsteht, wird Stoffbruch genannt. Dieser verläuft normalerweise parallel zur Webkante und zum Fadenlauf. Wenn ein symmetrisch geformtes Teil im Stoffbruch zugeschnitten werden soll, liegt der Stoff also doppelt, mit der rechten Seite nach innen. Die Schnittvorlage (die in der Regel nur das halbe Teil darstellt, z. B. ein Rückenteil) wird dabei direkt an den Stoffbruch angelegt, so ergibt sich durch den Zuschnitt in doppelter Stofflage das vollständige Teil.

Stoffklammern
Stoffklammern sind beim Heften eine gute Alternative zu Stecknadeln. Unverzichtbar sind sie bei der Verarbeitung von beschichteten Stoffen und Leder, da bei diesen Materialien Einstiche durch Nadeln sichtbar bleiben.

Stoffklebeband
Es gehört ebenfalls zu den Hilfsmitteln, die das Fixieren von Stoffteilen enorm erleichtern. So kann etwa eine schwierige Rundung vorab geklebt oder ein Reißverschluss beim Einnähen exakt an der Stelle gehalten werden. Stoffklebeband löst sich beim Waschen der Textilie auf.

Versäubern
Damit Schnittkanten nicht ausfransen oder sich gar bis zur Naht auflösen, sollten Nahtzugaben versäubert werden. Je nach Material eignen sich dafür unterschiedliche Methoden. Die gängigste ist das Nähen von Zickzackstichen entlang der Kante. Dabei sollte die Nadel im Wechsel einmal im Stoff und einmal knapp neben der Stoffkante einstechen. Wenig fransende Stoffe können auch mit der Zickzackschere zugeschnitten werden, sodass sich das Versäubern erübrigt. Eine professionelle Alternative zum Zickzackstich ist der Overlockstich, über den aber nur neuere Nähmaschinen verfügen. Bei Projekten ohne Innenfutter ist das Versäubern mit Schrägband empfehlenswert, damit die Kanten dann hochwertig verarbeitet sind. Nahtzugaben, die im fertigen Objekt verdeckt sind (z. B. bei verstürzten Kanten), brauchen nur dann versäubert zu werden, wenn sie schnell ausfransen (wie bei locker gewebten Stoffen).

Verstürzen
Dabei werden zwei schnitt- bzw. spiegelgleiche Stoffteile rechts auf rechts kantenbündig aufeinandergelegt und dann zusammengenäht. Die Nahtzugaben werden auseinandergebügelt, zurückgeschnitten und an Rundungen bis kurz vor die Naht eingeschnitten. Dann wird das Nähgut nach rechts gewendet, die Nahtkante gegebenenfalls geheftet und noch einmal faltenfrei flachgebügelt.

Waschen von Stoffen
Neu gekaufte Stoffe sollten vor dem Zuschnitt separat gewaschen und gebügelt werden, damit sie später nicht einlaufen oder die Farbe ausbluten. Gewachste Stoffe dürfen vor dem Zuschnitt nicht gewaschen werden (hier bitte die Herstellerangaben beachten). Alternativen sind neben unbeschichteten Stoffen auch waschbares Leder oder Kunstleder (davon gibt es viele Varianten, auch hierbei unbedingt die Pflegehinweise des Herstellers beachten).

Wendeöffnung
Eine kleine Lücke in einer Naht, durch die das verstürzte Nähgut von der linken Seite auf die rechte gewendet werden kann. Entsprechend groß sollte die Öffnung sein. Die Nahtenden am Anfang und am Ende mit Rückstichen sichern. Nach dem Wenden wird die Öffnung entweder knappkantig mit der Maschine oder, wenn die Naht unsichtbar bleiben soll, von Hand geschlossen (z. B. mit dem Matratzenstich).

Zusammen(gefasst) versäubern
Die Nahtzugaben von Kanten werden nach dem Zusammennähen der Schnittteile gemeinsam versäubert, indem man sie mit Zickzackstich oder Overlockstich an der Kante aufeinandernäht.

BEZUGSADRESSEN

Blind Heimtex und Polsterei
www.polsterei-blind.de
Hochwertige Möbelstoffe

COSA – der Stoffladen
www.cosa-derstoffladen.de
gewachste Baumwolle, Canvas, Nähzubehör und Kurzwaren

Ecopell GmbH – www.ecopell.de
nach IVN zertifiziertes Leder aus dem Allgäu, Nappaleder und Riemenleder

Etsy – www.etsy.com
Washed Canvas, Waxed Canvas, Retro-Leinwand vorgewaschen, Leinwand gewachst

Gütermann – www.guetermann.com
hochwertiges Allesnähergarn, extrastarkes Nähgarn und Jeansgarn

Prym Consumer Europe GmbH – www.prym.de
hochwertiges Nähzubehör, Werkzeug und Kurzwaren

Snaply Nähkram – www.snaply.de
gewachste Baumwolle, Fox Oilskin (light und heavy), Taschenzubehör wie Buchschrauben, D-Ringe, Schieber, Gurtband, Steckschnallen, Taschenkarabiner, Kordeln, Lederriemen etc.

Stoff & Stil – www.stoffundstil.de
Heavy Canvas, Nähzubehör, Taschenzubehör, Lederriemen

fabfab GmbH – www.stoffe.de
Canvas, Heavy Canvas, Möbel- und Polsterstoffe, Nähzubehör und Kurzwaren

DANK

Tobi – danke für unser erstes gemeinsames Buchprojekt, das mit dir als Fotograf super geklappt und trotz der vielen Arbeit sehr viel Spaß gemacht hat!

Tim und Lilja – danke für eure Mithilfe und dafür, dass ihr die Fotoshootings so motiviert mitgemacht und auch bei großer Kälte durchgehalten habt.

Rainer, Katri, Lea, Mia, Lasse, Kalle und Silas – danke, dass wir wieder bei euch in Finnland fotografieren durften und ihr wie immer mit so viel Freude und Unterstützung dabei gewesen seid!

Anke – danke, dass du dich so spontan und bestens gelaunt als Model zur Verfügung gestellt hast!

Nina – danke, dass du mir von deinen Nähprojekten erzählt und mich so auf die tolle gewachste Baumwolle gebracht hast!

Heidi Müller – danke, dass du meine Buchprojekte immer so kompetent und herzlich betreust und dabei stets den nötigen Durchblick und Überblick bewahrst.

Gisela Witt – danke, dass Sie mein Buch fachkundig unter die Lupe genommen und so perfekt lektoriert haben!

Diana Dörfl – danke, dass Sie dem Buch ein so frisches und inspiriertes Layout verpasst haben!

SPONSOREN

Herzlichen Dank an die Sponsoren, die mich bei diesem Buchprojekt großzügig mit ihren tollen Materialien unterstützt haben:

Blind Heimtex und Polsterei | **Ecopell GmbH**
Gütermann | **Prym**
Snaply Nähkram | **fabfab GmbH**